그들은 왜
신이 되었을까

한국의 실존 인물신

그들은 왜
신이 되었을까

한국의 실존 인물신

서종원

채륜
CHAE RYUN

늦은 나이에 민속학 공부를 시작하면서 다짐한 것이 하나 있었다. 비록 늦게 시작했지만 한눈팔지 않고 열심히 공부해 박사는 30대 중반에 마치겠다는 신념이 바로 그것이었다. 하지만 급하게 박사를 마치다 보니 여러 모로 부족한 점도 많음을 체감하고 있다.

어린 시절, 뱃일을 하시는 아버님 덕에 좋은 조기를 많이 먹고 자랐다. 지금도 명절 때면 위도에 계신 부모님은 조기를 좋아하는 자식에게 제일 맛난 조기만을 골라 보내 주신다. 다른 생선도 좋아하지만 유독 조기에 더 애착을 느끼는 이유는 아마도 부모님의 사랑이 조기에 고스란히 배어 있기 때문이 아닐까 생각된다. 그렇지만 조기에 부모님의 사랑이 담겨져 있다는 사실을 알게 된 시점은 '조기의 신'인 임경업이라는 실존 인물로 박사학위를 마치고, 마흔이 다 되어 아들을 낳은 뒤였다.

이 책은 '조기의 신'인 임경업이라는 인물에 관심을

갖게 되면서 작성한 원고와 박사논문에 싣지 못한 내용을 모아 새롭게 엮은 것이다. 여러 신들 가운데 유독 실존 인물신을 대상으로 한 이유는 그들이 살아온 삶을 자세히 들여다보면 우리가 놓치지 말아야 할 것들이 있기 때문이다. 자기가 목표하는 대로 굴하지 않고 살아가는 모습이나 다른 사람을 위해 헌신하며 살았던 모습은 분명 각박하게 살아가는 현대인들에게 던져 주는 메시지가 있을 것이다.

하지만 그러한 삶을 살았다고 해서 모두가 신으로 모셔지는 것은 아니다. 단종과 손돌처럼 억울하게 누명을 쓰고 죽은 이도 있으며, 임경업처럼 특정 분야에 탁월한 성과를 보이는 인물도 있기 때문이다. 따라서 역사 인물이 신으로 모셔질 수 있었던 요인에서 공통적인 분모를 찾는 일은 결코 쉽지 않은 작업이다.

신으로 모셔진 사람들의 삶을 정리하는 과정에서 '희생'과 '겸손' 그리고 '공감'이라는 세 단어가 떠올랐다. 신으로 모셔진 인물들은 다른 사람들을 위해 희생했으며, 늘 겸손한 마음으로 살았다. 그리고 그를 신으로 모신 사람들은 그들의 삶을 진정으로 공감했다. 아마도 이러한 내용이 없었다면 신으로 모셔진 인물들도 그저 평범한 인물에 불과했을 것이다.

한 시대를 살다가 훗날 신으로 모셔진 인물신에 대한 용어는 크게 역사 인물신, 실존 인물신으로 나뉘는데, 본 책에서는 실존 인물신이라는 용어를 선택하였다. 그리고 본문은 모두 여섯 장으로 구성하였다. 신앙 대상의 변화 과정을 시작으로 실존 인물신의 등장배경-실존 인물신의 유형-실존 인물의 신격화 요인-실존 인물의 신격화 과정-실존 인물신의 신앙적 특징 순으로 진행하였다. 읽는 과정에서 다소 억지스러운 면이 없지 않겠지만 실존 인물신을 이해하기 위해 이 같은 방식으로 스토리를 구성한 것이다. 비록 수정하고 보완할 내용이 많지만, 이 분야를 연구하는 많은 이들에게 이 책이 도움이 되었으면 한다.

　　　본 책을 엮는 과정에서 귀한 아들 동효를 얻었다. 능력 없는 아빠가 태어난 아들을 위해 이 책을 선물하려다 보니 한편으론 가슴이 뭉클하다. 훗날 아들은 아빠의 이런 마음을 어떻게 받아들일지 궁금하면서도 한편으론 무거운 책임감을 느낀다.

　　　끝으로 지금까지 학문적으로 도움을 주신 여러 교수님들과 지친 몸으로 날마다 아침상을 차려 주는 착한 아내, 아직까지도 맛난 해산물을 보내 주시는 위도에 계신 부모님, 그리고 언제나 힘이 되어주시는 장인·장모님께 진심으로 감사하다는 말을 전한다. 아울러 언제나 버팀목이 되어 준 형님과 부족한 글임에도 선뜻 출판을 맡아 준 '채륜' 사장님을 비롯한 관계자분들께도 고마움을 표한다.

2013년 5월

서종원

특정 종교가 발생하게 된 연유는 여러 가지 측면에서 생각해 볼 수 있다. 인간의 본성은 물론 종교가 생겨날 당시의 시대상 등을 종합적으로 살펴봐야 그에 대한 해답을 찾을 수 있겠지만 그것은 그리 간단하지 않다. 다만 "무한無限·절대絶對의 초인간적인 신을 숭배하고 신성하게 여겨 선악을 권계하고 행복을 얻고자 하는 일"이라는 종교의 사전적 의미를 통해 종교가 발생하게 된 연유에 대한 해답을 모색해 볼 수 있을 것이다.

물론 종교를 설명하는 데는 보다 많은 부분에서의 고민이 필요하다. 종교가 추구하는 사상, 종교와 인간의 역사, 특정 종교가 생겨나게 된 배경 등 다양한 각도에서 종교를 살펴야 한다. 그럼에도 불구하고 종교를 이해하기 위해서는 인간과 차별되는 신이라는 대상을 주목해야 하는데, 그 이유는 신과 종교는 밀접한 관계를 맺고 있기 때문이다.

오늘날 지구상에는 헤아릴 수 없을 정도로 많은 종

교가 있다. 이들 종교 가운데는 유사한 성격을 지닌 경우도 있지만, 대다수의 종교는 그들 나름대로 특성을 지니고 있다. 우리가 알고 있는 불교·기독교·힌두교·이슬람교 등의 정교正敎는 물론, 각 나라 혹은 각 부족들의 토속 종교에서 이를 쉽게 확인할 수 있다. 따라서 각기 독특한 형태로 전승되고 있는 여러 유형의 종교를 이해하기 위해서는 그들 종교에서 모시고 있는 신들의 성격을 면밀히 살펴볼 필요가 있다. 그것은 각각의 종교에서 모시고 있는 신이 어떠한 성향을 지니고 있느냐에 따라 종교의 역사는 물론, 종교가 추구하는 사상 등이 차이를 보이기 때문이다.

그런데 여러 종교에서 모시고 있는 신들을 자세히 들여다보면 신의 종류가 매우 다양하다는 사실을 알 수 있다. 오늘날 우리나라에서 모셔지고 있는 토속 종교만 보더라도 이런 사실을 쉽게 확인할 수 있다. 전라남도 신안군에 속한 섬에서는 자물쇠를 신으로 모시고 있으며, 무녀 중에서는 한국전쟁 당시 인천 상륙작전을 담당했던 맥아더 장군을 신으로 모시는 경우도 있다. 또한 일부 지역에서는 나무와 바위 등에게 신의 명칭을 부여하여 신앙의 대상으로 모시고 있다. 이런 내용을 통해서도 알 수 있듯이 단체 혹은 개인에 따라 그들이 모시고 있는 신의 종류는 우리가 생각할 수 없을 정도로 매우 다양하다.

민속학을 연구하는 과정에서 필자가 의구심을 가졌던 부분은 지구상에 헤아릴 수 없이 많은 신들이 있음에도 불구하고, 어떤 마을에서는 큰 바위나 나무를 신으로 생각하고 있는 반면에 어떤 마을에서는 최영과 같이 실제 한 시대를 살았던 인물을 신으로 모시고 있다는 점이었다. 특히 최영과 같이 한 시대를 살았던 인물이 신으로 모셔져 있다는 점에 관심이 많았다.

　　　　종교 혹은 우리가 생각하고 있는 신은 인간과 달리 특정한 능력을 지니고 있다. 천지를 창조했거나 혹은 인간이 할 수 없는 초능력을 발휘하기도 한다. 신들의 이야기인 신화를 보면 허구성이 짙어 신빙성이 떨어지는 경우가 다반사이긴 하나, 중요한 사실은 인간의 입장에서 보면 신이라는 존재는 인간이 하지 못하는 것을 할 수도 있고 인간이 바라는 무언가를 해줄 수 있는 능력자임이 분명하다.

　　　　오늘날 여러 종교에서 신앙의 대상으로 모시고 있는 신들은 매우 다양하다. 실제로 이름조차 제대로 알 수 없는 신들도 많다. 그리고 그리스 신화에 등장하는 여러 신들처럼 인간의 모습을 한 경우도 있지만, 특정 물건 혹은 자연물 자체가 신인 경우도 있다. 하늘의 천신과 땅의 지신이 바로 후자에 해당된다. 앞서 언급했던 자물쇠처럼 가공물 자체를 신으로 모시는 경우도 종종 볼 수 있다.

　　　　인간이 모시고 있는 신의 종류는 우리가 생각하는 것보다 다양하지만, 이들 신은 자연신과 인물신이라는 큰 틀에서 구분지어 생각해 볼 수 있다. 물론 이 두 신 이외에 독특한 형태의 신앙 대상물이 있을 수 있다. 하지만 오늘날 신앙의 대상으로 모시고 있는 신은 크게 이 두 가지로 분류할 수 있다. 이 두 분류 중에서 자연신은 자연물을 신앙의 대상神格으로 여기는 것을 말한다. 아이를 점지해 주는 기자바위, 마을 어귀에 서 있는 당산나무 등이 대표적인 자연신이다. 이에 비해 인물신은 인물이 신앙의 대상으로 모셔진 경우를 말하는데, 우리의 경우는 단군을 비롯해 최영 장군이 이 유형에 속한다. 인물신은 다시 허구적虛構的 인물신과 한 시대를 살았던 역사적歷史的 인물신으로 구분할 수 있다.[1] 전자는 염라대왕이나 옥황상제와 같이 허구성이 짙은 인물을 말하는 것이고, 후자는 우리와 마찬가지로 한 시대를 살다가 죽은 인물을 말하는 것이다.

이 글에서 살펴볼 대상은 인물신 중에서도 한 시대를 살았던 역사적 인물신이다. 기존의 인물신 관련 연구에서 다뤄진 주요 내용은 우리나라의 인물신에 대한 종류, 인물신과 특정 지역과의 관련성, 그리고 어떤 연유로 인물이 신앙의 대상으로 모셔져 오늘날까지 이어져 오고 있는 지에 대한 일련의 과정 등이었다.[2] 특히 김효경은 「한국 마을신앙의 인물신 연구」에서 한국

---

1 이용범은 무속신을 대상으로 정리한 연구에서 인물신의 범주에 조상, 무조신, 영웅신, 잡귀잡신을 포함시켰다(이용범, 「한국 무속의 神觀에 대한 연구 -서울 지역 재수굿을 중심으로-」, 서울대학교 박사학위논문, 2001, 114쪽).

2 대표적인 연구물은 다음과 같다.
최길성, 「한의 상징적 의미 -崔瑩 장군의 죽음을 중심으로-」, 『비교민속학』 4, 비교민속학회, 1989.
홍태한, 「설화와 민간신앙에서의 실존인물의 신격화 과정」, 『한국민속학보』 3, 한국민속학회, 1994.
강남주, 「실존인물의 신격화 과정」, 『비교민속학』 11, 비교민속학회, 1994.

마을에 모셔져 있는 인물신의 종류는 물론, 지역적 분포, 그리고 이들이 어떤 연유로 지역에서 모셔지게 되었는지 등을 자세히 정리해 놓았다.

인물신 연구는 다양한 측면에서 활발하게 진행됐음에도 불구하고 해결해야 할 내용도 적지 않다. 그중에서도 인물신에 대한 개념 규정이 명확하지 않은 채 연구가 진행되고 있다는 점을 꼽을 수 있다. 앞서 언급했듯이 인물신이라 함은 허구적인 형태의 인물신과 한 시대를 살았던 인물신으로 구분됨에도 불구하고, 기존 연구에서는 이 두 유형의 신에 대한 개념 규정이 명확하지 않았다. 인물신에 대한 용어만 보더라도 두 유형의 신을 구분하지 않은 채 사용하고 있음을 쉽게 확인할 수 있다.

이 글은 이러한 문제의식을 토대로, 자연신과 인물신과의 관계를 정리하고자 시작된 것이다. 특히 두 유형의 인물신 중에서 실제로 우리와 동시대를 살았던 인물을 중심으로 실존 인물신의 등장 배경과 유형, 실존 인물신의 신격화 과정, 그리고 자연신과 구별되는 실존 인물신의 신앙적 특징이 무엇인지를 살펴보는 데 목적이 있다. 이러한 본격적인 논의에 앞서 우리가 흔히 볼 수 있는 신앙 대상의 변화 과정을 통시적인 관점에서 살펴

이기태, 「사회계층에 따른 역사적 인물의 신격화 과정과 제의 전통의 창출」, 『비교민속학』 15, 비교민속학회, 1998.
김효경, 「한국 마을신앙의 인물신 연구」, 충남대학교 석사학위논문, 1998.

볼 것이다.[3] 여기에서는 주로 한국의 마을신앙에서 보이는 실존 인물신을 대상으로 논의를 진행하고자 한다. 그리고 논의를 진행하는 과정에서는 중국과 일본의 사례도 적극 활용하였다.

아직까지 한 시대를 살았던 인물신에 대한 개념 정리가 명확하지 않다. 이러한 인물신은 포괄적인 의미에서 인물신의 범주에 속하였다. 그러나 인물신이라는 용어는 허구적인 인물신과 역사적인 인물신이 구분되어 있다는 점에서 두 유형의 신을 구분할 필요가 있다. 이런 점에서 본 연구는 한 시대를 살았던 역사적 인물신을 '실존 인물신'으로 명하고자 한다. 물론 이 용어를 사용하는 문제에 대해서는 보다 많은 논의가 있어야 한다. 그렇지만 여기에서는 허구적인 형태의 인물신과 구분하는 차원에서 실존 인물신이라는 용어를 사용할 것이다.

이 글은 필자가 학술지에 발표한 연구물과 박사논문을 준비하는 과정에서 다루지 못한 내용, 그리고 박사논문에 소개한 일부 자료를 연구서의 성격에 맞게 재구성한 것이다.[4] 따

---

3 민속학을 비롯한 종교학에서 실존 인물신의 출현 배경과 신앙적 특징을 정리하는 일은 상당히 중요하다. 단순히 여러 형태의 신들을 일목요연하게 정리하기 때문만은 아니다. 전반적인 신앙체계의 변화양상을 살펴볼 수 있으며, 각기 다른 형태의 신들의 기능과 역할, 그리고 그들의 속성을 밝혀낼 수 있어서다. 특히 신앙이라는 것은 당시의 시대상을 반영하고 있어, 이를 통해 문화의 전반적인 흐름까지도 유추해 낼 수 있다는 점에서 반드시 주목해야 할 분야이다.

4 서종원, 「실존 인물의 신격화 배경의 주요 원인 고찰」, 『중앙민속학』 14, 중앙대학교 한국문화유산연구소, 2009.
서종원, 「서해안 임경업 신앙 연구」, 중앙대학교 박사학위논문, 2009.

라서 일부 내용들 중에서는 중복되는 부분도 없지 않다. 개별 원고들을 보다 원활하게 진행하기 위해서는 중복이 불가피하였다.

서종원, 「실존 인물신의 등장 배경과 특징에 관한 연구」, 『동남어문논집』 29, 동남어문학회, 2010.

—
차
례
—

1장
신앙 대상의 변화 과정

• 신앙 대상의 변화 과정

인간이 특정 사물을 신앙의 대상으로 모시기 시작한 시점은 아주 오래전으로 거슬러 올라간다. 신앙이라는 것은 오래전부터 인간이 원하는 무언가가 반드시 이루어지기를 바라는 데서 출발했는데, 비록 구체적으로 규정지어 정리할 수 있는 있는 것은 아니지만 통시적인 관점에서 살펴보면 많은 변화를 거쳐 현재의 모습을 하고 있는 것만은 사실이다.

기존의 대다수 연구자들은 신앙 대상의 변화 과정을 이야기할 때 자연신이 먼저 등장하였고, 이후 인물신이 등장한 것으로 보고 있다. 이러한 관점은 동·서양을 막론하고 보편적으로 인식하고 있는 부분이다. 우리의 경우도 표인주를 비롯한 여

마을 어귀의 당산 나무

러 연구자들이 신앙 대상의 흐름을 이와 같이 피력한 바 있다.[1] 하지만 이런 사고에 앞서 반드시 짚고 넘어가야 할 것이 있다. 이러한 변화가 본격적으로 진행된 시점과 변화를 가져오게 된 주된 요인 등을 자세히 살펴보는 일이다.

다양한 측면에서의 고민이 있어야 하겠지만, 역사적 맥락에서 신앙 대상의 변화 과정을 살펴보면 실존 인물신이 등장

---

1 표인주는 자연신과 인격신의 통시적인 선후관계에 있어서 자연신이 인격신보다 선행된 다는 사실은 지극히 자명한 것으로 보고 있다(표인주, 「전남의 당신화 연구」, 전남대학교 박사학위논문, 1994, 129쪽).

하기 이전에는 자연신이 지배했을 가능성이 크다. 실존 인물신이 등장하기 이전에는 세상을 환하게 비추는 태양을 숭배하거나, 특이하게 생긴 바위와 마을을 지켜주는 나무 등이 신앙의 대상이었다. 이러한 시기에 자연신이 지배한 연유는 자연의 힘이 절대적이었을 뿐만 아니라 인간이 자연을 통제할 수 없었기 때문이다. 자연의 힘이 절대적이라 믿었던 인간은 자연에 순종했으며, 자기 주위에서 벌어지는 여러 가지 현상들을 자연의 조율에 따라 생겨난 것으로 이해하였다. 이러한 시대에 인간은 자연의 절대적인 힘에 순응하기도 했지만 때론 자연과 대면하면서 살아야만 했다. 퓌스텔 드 쿨랑주가 『고대도시』에서 언급하고 있는 내용처럼 이 시기에 있어서 자연이란 인간에게 있어 절대적인 존재였던 셈이다.

초기의 사람들은 끊임없이 자연과 대면하였다. 문명화된 삶의 습관들은 아직 자연과 인간 사이에 장막을 쳐놓지 않았다. 인간의 눈은 그 아름다움에 매료당하거나 장대함에 눈부셔 했다. 인간은 빛을 즐겼고 어둠을 무서워했다. 그래서 인간은 <하늘의 신성한 빛>이 다시 돌아오는 것을 볼 때 감사함을 느꼈다. 인간의 삶은 자연의 힘 안에 있었다. 인간은 자기의 수확을 좌우하는 자비로운 비를 기다렸다. 그는 한 해의 노동과 희망을 파괴하는 뇌우를 무서워했다. 인간은 자기의 나약함과 자기를 둘러싸고 있는 그에 비할 수 없이 큰 힘을 항상 느끼고 있었고 이 강력한 자연에 대해서

숭배, 사랑, 공포로 혼합된 느낌을 가지고 있었다.[2]

자연신이 지배하던 시기에 인간들의 생활 모습을 정확하게 알 수는 없지만, 당시의 인간들은 일정한 장소에 정착하여 생활했을 가능성이 높다. 본격적으로 재배농이 시작되었던 시기까지도 신앙의 대상은 자연신이 절대적이었을 것이다. 특히 재배농이 본격적으로 진행되면서 자연신은 인간에게 중요한 대상으로 인식되었는데, 그것은 농사를 짓는 과정에서 비를 관여하는 하늘天神이나 작물을 생산해 내는 땅地神이 무엇보다 중요했기 때문이다.

시간이 어느 정도 흐르고 인간이 자연을 생각하는 태도가 달라지면서 자연신이 절대적이라 믿었던 사고는 점차 다른 양상으로 바뀌게 된다. 자연신으로 대표되는 천天, 하늘에 대한 일반인들의 생각이 점차 바뀌게 되었다는 점이 좋은 예이다. 이런 모습은 중국인들의 천에 대한 관념의 변화 과정을 통해 엿볼 수 있다. 본래 중국인들은 천을 절대적인 존재로 여겼지만, 시간이 지나면서 더 이상 천은 그러한 대상이 될 수 없었다. 자연신을 대표하는 천에 대한 사고의 변화 흔적은 공자가 활동하던 시기에서 확인된다. 즉 공자가 활동하던 당시에 천이라는 존재는 이전과 달리 절대적인 존재가 아니라, 서서히 인격성을 지닌 존재로 부각된

---

2 퓌스텔 드 쿨랑주, 『고대도시 -그리스·로마의 신앙, 법, 제도에 대한 연구-』, 김응종 옮김, 아카넷, 2000, 165~166쪽.

것이다.[3] 중국의 경우 이런 과정이 본격적으로 진행된 시기는 주周나라 때라고 한다. 주대 이전의 천은 인간에게 복이나 화를 내리기도 하지만 추상화, 관념화된 천은 갈수록 이러한 행위에서 멀어져 갔다. 그러나 주대에 오면서 천은 더 이상 두려운 존재가 아니라, 고상하고 지극히 선한 존재이며 인간에게 벌이나 상을 주기보다는 올바른 도구를 구현하는 데 골몰하는 신으로 인식되었다.[4]

공자는 하늘을 하나의 인격적 존재로 생각했다. 논어에 보이는 '子所否者 天厭之 天厭之내가 부당할 바이면 하늘이 싫어할 것이다. 하늘이 싫어하실 것이다.'의 내용이 바로 그것이다. 이 문구는 공자의 제자 자로子路가 남자南子를 만난 것에 대한 부당함을 토로하는 것에 대한 공자의 답변인데, 공자는 자신의 정당성을 입증하는 근거로 천을 내세워 이야기하고 있다. 이 구절 역시 의인화된 인격천人格天으로서의 천의 면모가 드러남을 볼 수 있다. '내가 누구를 속이란 말이냐 하늘을 속일까'라는 구절과 또 사랑하는 수제자 안회顔回의 죽음 앞에서 천을 빌어 비통한 심정을 토로하는 공자의 절규에서도 공자의 천 개념을 엿볼 수 있다.[5]

공자가 활동하던 시기에 천에 대한 인간의 사고는 분

---

3 최문형, 「孔子의 天命論과 鬼神觀」, 『동양철학연구』 18, 동양철학연구회, 1998, 348쪽.

4 박지현, 「玉皇 및 閻羅 신앙의 형성과 이야기의 역할」, 『중국문학』 39, 한국중국어문학회, 2003, 110쪽.

5 최문형, 앞의 논문, 349쪽.

무당집에 모셔진 산신

명 그 이전과는 많은 차이가 있었다. 자연신이 지배하던 이전 시기와 달리 천에게 인격성을 부여했다는 점에서 보면 이 시기의 하늘에 대한 인간의 사고는 그 이전에 비해 많은 변화가 있었음을 알수 있다. 그렇다고 이 시기에 오면서 자연이 지배하던 시대를 인간이 완전히 벗어난 것으로 보기는 어렵다. 다만 여기에서 중요한 것은 이 시기 자연신의 변화 흔적을 엿볼 수 있었다는 점이다.

우리의 경우 자연신이 지배하던 시기에 있어 자연물에 인격성을 부여한 흔적은 산신신앙을 통해 엿볼 수 있다. 자연신으로 볼 수 있는 산신에게 인격성을 부여하여 여신으로 보거나, 혹은 남신으로 보는 관점이 그것이다. 실제로 문무병은 제주도의 산신신앙이 한라산을 인격으로 한 자연신앙으로 보고 있다.[6] 이런 관점에서 보면 산신신앙은 자연신앙이긴 하나, 자연신에서 인물신으로 옮겨 가는 중간 단계의 신으로 이해할 수 있다.

물론 신앙 대상이 자연신에서 인물신으로 변화한 시점을 구체적으로 밝힐 수는 없다. 하지만 중국의 경우 당대에 오면서 많은 사람들이 자연신의 하나인 산천신山川神을 인격신으로 생각하였다. 당시에 많이 회자된 곽산신藿山神이 이연李淵의 당군唐軍을 음조陰助하는 설화에서, 그가 '백의노인白衣老人' 즉 인격신의 모습으로 당고조唐高祖 앞에 출현한 바 있다[7]는 내용에서 이를 유추해 볼 수 있다.

자연신에게 인격성을 부여한 시기로 접어들었다고 해서 곧바로 신앙 대상이 자연신에서 실존 인물신으로 바뀐 것은 아니다. 인물신 중에서도 실존 인물신보다 허구적인 인물신이 먼저 등장했을 가능성이 높다. 중국에서 볼 수 있는 옥황玉皇·염라閻

---

6 문무병,「濟州道 堂神仰 研究」, 제주대학교 박사학위논문, 1993, 257쪽.
7 김상범,「唐代祠廟信仰의 類型과 展開」,『中國學報』44, 한국중국학회, 2001, 225쪽.

단군신상

羅와 우리나라 건국신화에 보이는 단군이 대표적인 허구적 인물신인데, 이들 신이 실존 인물신보다 먼저 등장했던 것으로 보인다.

　　　　허구적인 인물신이 자리를 잡은 이후, 시간이 더 지나고 난 후에야 비로소 한 시대를 살았던 실존 인물이 신으로 모셔지게 되었다. 필자는 불교와 도교가 등장하게 된 연유도 이와 관련이 있다고 생각한다. 석가모니를 신앙의 대상으로 모시고 있는 불교와 신선사상이 주를 이루고 있는 도교를 보면, 자연신과 허구적인 신격이 지배하던 시대와는 여러 측면에서 차이가 있음을 알 수 있다. 실제로 이 두 종교가 정착하면서 중국의 신앙체계 내지 신에 대한 개념이 자연신에서 인물신으로 바뀌었다.[8] 그렇다고 해서 실존 인물신이 등장하는 과정에서 이 두 종교만이 절대적인 영향을 준 것은 아니다. 오래전부터 지속되어 오던 조상숭배사상을 비롯한 다양한 사상 등의 영향 관계도 반드시 주목해야 한다.

이러한 시대(실존 인물신이 등장한 시기)로 접어들면서 자연에 순응하며 살아가던 인간은 드디어 자연과 대등한 입장에 서게 된다. 더 이상 자연이라는 존재는 인간에게 있어 두려운 존재가 아니며, 인간도 스스로의 힘으로 자연과 맞설 수 있게 된 것이다. 이 과정에서 인간에겐 새로운 신앙의 대상이 필요하게 되었고, 보다 구체적이면서 인간의 마음을 헤아려 줄 수 있는 실존 인물이 신으로 등장하게 된 것이다.

물론 그러한 과정들이 특정 시기를 기점으로 뚜렷하게 구분된 것은 아니다. 하지만 두 종교(도교와 불교)의 등장으로 인해 신앙의 대상이 자연신·허구적인 인물신에서 점차 실존 인물신으로 확대된 것만은 분명한 사실이다. 이를 잘 보여 주는 것이 바로 중국은 물론, 우리나라에까지 널리 퍼져 있는 성황신앙이다.

중국과 우리나라의 성황신앙은 조금 차이가 있다. 성황신앙이 중국에서 생겨난 이후 우리나라에 전래된 것으로 보

---

8 박지현, 앞의 논문, 111쪽.

는 데에는 대다수의 학자들이 의견을 같이 한다.[9] 성황이란 본래 국가나 고을을 방어하기 위해 구축한 방어시설에 대한 명칭이었다. 즉 성城과 그 둘레에 파 놓은 참호塹壕를 말한다.[10] 중국에서는 성황신앙이 도시와 관련되어 있긴 하나, 본디 한 촌락의 물둑신에서 기원한 것으로[11] 보고 있다.

중국의 성황신이 언제부터 등장했는지는 정확히 알 수 없으나 진대와 한대를 거쳐 남북국시대에 오면서 국가는 물론 지역의 신으로 모셔지기 시작했다. 물론 보편화되기 이전 성황신의 모습에 대해서는 구체적으로 확인할 수 없다. 그렇지만 중국의 경우에는 당대에 오면서 많은 변화가 있었던 것으로 사료된다. 그리고 다음의 내용을 통해 당대 이전의 성황신은 자연신으로서의 성격이 강했음을 알 수 있다.

---

9 중국에서 발생한 성황신앙이 우리나라에 전래된 시점에 대한 견해는 조금씩 차이가 있다. 국가제사와 민간신앙에서 성황신앙의 도입 시점 또한 연구자마다 다른 견해를 보인다.

10 김갑동, 「고려시대 순창의 지방세력과 성황신앙 −城隍大神事跡 懸板을 중심으로−」, 『한국사연구』 97, 한국사연구회, 1997, 86쪽.

11 박정숙은 「中國 城隍神의 原型에 관한 고찰」(『中語中文學』 43, 한국중어중문학회, 2008, 21쪽)에서 이 점에 대해 아래와 같이 설명하고 있다.

『說文解字』의 해석에 의거하면 城은 백성이 모이는 곳이고 隍은 성을 둘러싼 못으로, 물이 있는 곳을 池라 하고 물이 없는 곳을 隍이라 한다. 따라서 성황이란 본디 성 주변의 물둑이라고 말할 수 있으며 또한 그것은 한 촌락이나 마을의 경계이자 그 주민을 보호하기 위해 세운 보루와 같은 것이었다. 특히 그것이 물과 깊은 관련을 지니고 있는 것은 고대사회에 있어서 물은 인간의 생존뿐만 아니라 농경에 절대적으로 큰 영향을 미쳤던 것인바 바로 『易·泰』에서 '성이 황에 무너지다'라고 한 것에서 그 관련성을 짐작할 수 있다.

開元 中滑洲刺史 韋秀莊은 성루에 이르러 홀연 키가 三尺이나 되는 사람이 자색 옷에 소가죽 관을 쓰고 참배를 하는 것을 보았는데 성황의 주인이라 하며 이르길, "黃河의 신이 내 성을 무너뜨려 물길을 수리하려고 하는데 나는 결코 허락하지 못한다. 닷새 뒤에 강가에서 큰 전쟁이 있을 것인데 아마 힘으로 이기지 못할 것 같으니 그대에게 구원을 요청하노라. 만약 2천 명의 궁노를 이끌고 군비를 준비하여 도울 수 있다면 반드시 이길 것이다."하였다. 그 날이 되자 수장은 장수 2천 명을 인솔하여 성에 올랐다. 강이 홀연 어두워지더니 잠시 후 물결이 십여 장의 높이로 치솟아 오르고 성루 위에는 푸른 증기가 에둘러 나왔다. 수장이 힘을 다해 그 물길을 향해 활을 쏘자 그 모양이 점점 작아지더니 없어져 버리고 푸른 증기만 남아 구름이 솟는 것처럼 구불구불하더니 다시 성루 안에 들어 왔다. 당초 황하가 성루 아래까지 와 있던 것이 오륙 리 뒤로 밀려갔다.[12]

위의 기록을 통해 구체적으로 알 수 있듯이 당대 이전의 성황신은 자연신적 요소에 인격성을 부여한 신이었다. 하지만 당대에 들어오면서 실존 인물신이 대거 성황신으로 모셔진다. 이러한 변모는 일찍이 한대부터 시작된 듯하다.『건양현지建陽縣志』

---

12 『古今圖書集成·神異典』, 鼎文書局(臺北), 1977(박정숙, 앞의 논문, 28쪽 재인용).

백마장군신

위도면 치도리 마을신

권6 『중건성황묘기重建城隍廟記』를 보면, '한대에 이르러서는 기후紀
侯가 한초에 강남을 평정한 공이 있으므로 그를 제사 지내 성황신
이라 하였다'는 기록에서 이런 가능성을 짐작할 수 있다. 여기에
서의 기후는 기신紀信으로, 그는 초·한 전쟁 시 유방劉邦의 장군인
데, 『빈퇴록賓退錄』에 의하면 진강鎭江·화형華亭·무호蕪湖 등지에서 그
를 성황신으로 모셨다고 한다. 이를 통해 한대에는 공을 세운 사
람을 성황신으로 모셔 제사를 지냈음을 알 수 있다. 그리고 시간
이 지나면서 장군과 같은 영웅의 모습으로 묘사된 성황신이 점차
일반인의 모습으로 형상화되어 갔다. 살아서 은혜를 베푼 사람
혹은 정직하고 착한 사람 등이 죽어서 성황신이 되어 나타났으니,

충효를 다한 사람은 죽어서 모두 저승을 다스리는 주인이 된다는 전통적 교화 작용이 성황신앙에 반영된 결과로 볼 수 있다.[13]

중국에서 보이는 이러한 양상이 우리의 경우와 반드시 일치하는 것은 아니지만 신격체계의 변화 과정, 그중에서도 실존 인물이 신으로 모셔지게 된 배경을 이해하기 위해서는 성황신앙을 주목할 필요가 있다. 성황신앙이 성城이나 특정 지역을 기반으로 한 신앙이라는 점에서 볼 때, 지역에 연고를 둔 인물이 사후에 신으로 모셔지게 된 맥락을 이해할 수 있기 때문이다. 우리의 경우에도 고려 건국에 도움을 준 신숭겸申崇謙이 그의 고향으로 추정되는 곡성 지역에서 성황신으로 모셔져 있다.[14]

그런데 우리나라의 성황신앙은 중국과 달리 자연신보다는 실존 인물신이 두드러짐을 알 수 있다. 앞서 언급한 신숭겸을 비롯해 순천의 김총金惣, 의성의 김홍술金洪述 등 다양한 실존 인물이 여러 지역에서 성황신으로 모셔져 있다. 성황신 중에서 실존 인물신이 두드러진 연유는 중국에서 발생한 성황신앙이 우리나라에 전래된 시점과 관련이 있다. 즉 중국의 성황신앙이 우리나라로 유입된 것은 고려시기인데,[15] 각 지역으로 성황신이 확대되는

---

13 박정숙, 앞의 논문, 28~30쪽 요약.

14 변동명, 「申崇謙의 谷城 城隍神 推仰과 德陽祠 配享」, 『한국사연구』 126, 한국사연구회, 2004, 98쪽 참조.

15 박호원은 다양한 측면에서의 검토를 통해 성황이 우리나라에 들어왔을 가장 적절한 시기를 고려 成宗代로 보았다(박호원, 「韓國 共同體 信仰의 歷史的 硏究 –동제의 형성 및 전

과정에서 이 시기의 실존 인물들이 성황신으로 모셔진 것이다.

결국 신앙 대상은 자연신에서 인격성이 부여된 자연신으로 변화하였고, 시간이 지나면서 보다 구체적인 실존 인물신이 등장하였다. 자연신에서 인격성이 부여된 경우는 산신을 통해, 실존 인물신은 성황신을 통해 확인할 수 있다. 그리고 성황신은 허구적인 인물신의 성격이 강했으나 후대에 오면서 보다 구체적인 실존 인물이 신으로 모셔진 것으로 보인다.[16] 물론 인격성을 지닌 자연신과 허구적인 인물신이 언제부터 등장했는지는 알 수 없다. 다만 두 가지 형태의 신 중에서는 인격성을 지닌 자연신이 먼저 등장했을 가능성이 크다. 그렇지만 비슷한 시기에 두 유형의 신이 등장했을 가능성도 결코 배제할 수는 없다.[17]

승과 관련하여-」, 한국정신문화연구원 한국학대학원 박사학위논문, 1997, 195~197쪽 참조).

16 물론 지역에 따라 이들 신격체계의 변화양상과 시기 등은 많은 차이를 보인다. 그렇지만 신격체계의 변화 과정에서 천신(자연신)→산신(인격성을 지닌 자연신)→성황신(인물신)의 흐름의 과정은 비슷한 경향을 보인다. 실제로 울주의 戒邊神은 본래 天神에서 山神으로 변하였다가 그 후 조선시대에 들면서 성황신으로 바뀌었다(金澈雄, 「고려시대 『雜祀』 연구 -醮祭, 山川·城隍제사를 중심으로-」, 고려대학교 박사학위논문, 2001, 182~183쪽).

17 이 부분에 대해서는 앞으로 보다 많은 논의가 필요하다. 지금까지의 관련 자료를 통해 뚜렷하게 구분지어 선후 문제를 따질 수는 없다. 다만 자연신에 인격성을 부여한 신이 먼저 등장하게 된 것으로 이해하는 것이 바람직하리라 생각된다.

2장
실존 인물신의 등장 배경

• 실존 인물신의 등장 배경

　　여러 지역 혹은 여러 부족(집단)에서 모시고 있는 신들을 보면, 어떤 곳에서는 자연신을 어떤 곳에서는 실존 인물을 신으로 모시고 있다. 물론 두 유형의 신이 함께 모셔져 있는 경우도 있으며, 여러 신들이 함께 모셔져 있기도 하다. 지역에 따라 이러한 차이를 보이는 이유는 그 지역 내지 부족(집단)의 특성과 관련이 있다.

　　전 세계적으로 여러 종류의 신들이 산재해 있음에도 불구하고 대다수의 연구자들은 신들의 변화 과정을 이야기할 때 자연신에서 인물신으로 변화한 것으로 보고 있다. 이는 허구적이고 추상적인 것보다 실체적인 것들이 후대에 나타났을 가능성이 매우 높다는 이유 때문이다.[1] 중국의 신앙체계 역시 처음에는 자연신의 개념에서부터 출발한 것으로 보고 있다.[2]

중국에서는 자연신에서 인물신으로 변화되었다는 흔적을 불교와 도교에서 찾고 있다. 두 종교에서 숭배하고 있는 신격이 기존의 신격과 차이가 있는 실존 인물이라는 것이다. 이를 반영하듯 불교와 도교가 들어오기 전에 중국에서는 신에 대한 관념이 하늘과 같은 자연신적 사고가 매우 강하였으나, 이 두 종교의 영향으로 인격신 혹은 인물신에 대한 관념이 등장하였다. 실제로 불교와 도교에서 모시고 있는 신들은 신이 되기 이전엔 우리와 같은 평범한 인간이었을 뿐, 절대적인 우주만물의 창조자나 지배자도 아니었다.

이런 내용은 중국의 신화에서도 확인할 수 있다. 자연신에 대한 서사와 불교·도교에서 볼 수 있는 인물신에 대한 서사는 기본적인 구성원리가 같지 않다는 것이다. 자연신에 대한 서사가 일차적으로 신의 타고난 권위와 힘을 보여 주는 데 초점이 맞춰져 있다면, 인물신에 대한 서사는 그들의 성공담과 삶의 실체

---

1 추상적인 것보다 실체적인 것들이 후대에 나타났을 가능성이 매우 높다는 이유 때문이다. 표인주는 이러한 양상은 반드시 일치하는 것은 아니지만, 보편적으로 생각해 보면 인격신이 자연신으로 변화된 것은 매우 특수한 사례이고 일반적으로는 자연신에서 인격신으로 변화되어 간 것으로 보고 있다(표인주, 「전남의 당신화 연구」, 전남대학교 박사학위논문, 1994, 139쪽).

2 박지현, 「玉皇 및 閻羅 신앙의 형성과 이야기의 역할」, 『중국문학』 39, 한국중국어문학회, 2002, 106쪽.

성을 입증하는 데 초점이 맞춰져 있다. 이것은 곧 중국의 신앙체계가 후대로 갈수록 자연신이 퇴조되고 인물신이 부각되면서 종교 서사도 이에 맞게 변화된 것으로 이해할 수 있다.[3]

　　중국의 사례에서도 알 수 있듯이 신앙의 대상이 자연신에서 인물신으로 변화한 것은 보편적인 사실이다. 물론 이런 현상은 동서東西를 막론하고 공통적으로 나타나는 것인데, 이러한 변화가 있었던 시점과 변화 시기 등은 나라와 지역에 따라 다소 차이가 있을 수 있다. 그렇지만 중요한 것은 고대사회에서는 산천신山川神으로 대표되는 자연신이 지배적이었으나,[4] 후대로 오면서 점차 이러한 신들의 비중이 적어지고 인물신이 대거 등장한다는 점이다. 이것은 어느 지역이나 국가를 막론하고 나타나는 일반적인 현상이다.

　　자연신에서 인격신으로 신앙의 대상이 변하게 된 요인은 여러 측면에서 고민할 수 있다. 시간의 흐름에 따른 종교관의 변화와 환경적 요인, 그리고 인문학적 요인 등 여러 가지 측면

3　위의 논문, 111~112쪽.

4　고대 중국에서 신의 개념은 애초에 자연신의 개념에서 출발하였다. 우선 신이라고 하는 글자의 의미 자체가 그렇다. 金文에서부터 나타나기 시작하는 이 글자는 제사를 뜻하는 示와 申자의 결합으로 이루어졌는데 신의 갑골문을 보면 그것은 본래 번개의 형상을 본 뜻 것이었다. 이로 보건대 고대 중국인들은 무엇보다 해와 달, 바람, 비 같은 자연현상에 어떤 신격이 존재하는 것으로 이해했던 것 같다(박지현, 「전통시기 중국의 귀신신앙과 귀신이야기 -『太平廣記』鬼部에 나타나는 신앙의 서사와 탈신앙의 서사-」, 서울대학교 박사학위논문, 2004, 29쪽).

에 대한 종합적인 검토가 선행되어야 할 것이다.[5] 언제부터 이러한 변화가 있었는지 알 수 없지만, 종교사적인 측면에서 볼 때 이 시기가 매우 중요한 시기임은 분명하다. 특히 인물신 중에서도 실존 인물이 신으로 모셔지기 시작했다는 것은 신의 세계에 있어 큰 변화가 아닐 수 없다.

　　　　　여기에서는 자연신이 지배하던 시기가 약화되는 과정에서 실존 인물신이 등장할 수 있었던 배경에 대해 알아보고자 한다.

1. 조상숭배사상의 영향

　　　　　조상숭배祖上崇拜란 문자 그대로 '조상'을 '숭배'하는 것이지만 조상숭배가 갖는 의미는 그리 간단치 않다. 가령 조상이라는 용어와 유사한 내용이 많은 데에서도 그 사실을 엿볼 수 있는데, 선조先祖·선대先代·시조始祖·망령亡靈·원조元祖 등이 모두 조상과 유사한 뜻을 지닌 용어이다. 이런 양상은 일본의 경우도 마찬가지이다. 일본에서도 조령祖靈·선조先祖·조선祖先 등이 조상과 유사

5　표인주는 당신은 종교관 변화 및 자연에 대한 인간의 사유방식 태도에 따라 변천하게 되며, 특히 인간의 생업 구조 변천과 마을 형성 시기가 중요한 변수 요인으로 작용하는 것으로 보았다(표인주, 앞의 논문, 130~139쪽 내용 정리).

한 개념으로 쓰이고 있다. 중국에서는 조상과 유사한 용어가 많이 있긴 하나, 주로 선조先祖라는 것이 일반적으로 조상이라는 용어로 사용된다.[6]

죽은 사람이 신으로 모셔진 사례는 동서고금東西古今을 막론하고 원시종교나 고등종교에서 볼 수 있는 공통된 현상이다. 물론 조상숭배사상이 역사적으로 어느 시기부터 생겨났는지는 구체적으로 알 수 없다. 그렇지만 기존의 자연신앙과 달리 조상숭배사상에서는 한 시대를 살았던 실존 인물을 대상으로 하고 있다는 점에서, 실존 인물신이 등장할 수 있었던 데에는 조상숭배사상이 적지 않은 영향을 준 것으로 보인다.

원시시대에 있어 조상숭배의 흔적은 여러 사례에서 확인할 수 있다. 원시인들이 죽은 조상의 뇌를 파서 먹는 경우나 조상이 사용하던 유품遺品을 버리지 않고 보관하는 행위 등이 모두 조상숭배사상과 관련 있다. 원시인들이 이러한 행동을 한 이유는 부족마다 차이가 있겠지만, 보편적으로 그들의 선조가 한평생 살면서 쌓아 온 다양한 경험을 이 같은 행위를 통해 물려받을 수 있다고 생각했기 때문이다.

조상숭배사상에서는 조상이라는 두 가지 개념을 반드시 이해해야 한다. 조상이라는 개념 중에는 관념적이고 전체적

---

6 최길성, 『韓國의 祖上崇拜』, 예전, 1986, 74~75쪽.

인 조상도 있으며, 개인을 중심으로 친족 관계에 있는 사람 중에서 죽은 조상도 있을 수 있기 때문이다.[7] 본 연구의 주제인 실존 인물신을 이해하기 위해서는 무엇보다 후자보다는 전자의 개념에서 접근할 필요가 있다.

중국의 영혼관에 관심이 많은 선정규는 가장 원시적인 조상숭배는 토템숭배 안에 포함된 것으로 보고 있다. 다시 말하자면 토템숭배에는 본래 조상숭배의 요인을 포함하고 있다는 것이다. 그러나 토템숭배 속에 나타난 조상의 관념은 일정 부분 자연숭배의 범주에 속한다. 또한 이것과 귀혼숭배 형식으로 발전한 조상숭배는 다르다. 왜냐하면 전자에서 숭배하는 것은 모종 물류의 신비적인 힘이고, 후자에서 숭배하는 것은 죽은 사람의 혼귀魂鬼이기 때문이다.[8] 그러면서 선정규는 조상숭배의 기초는 영혼숭배와 혈연관계로서 원시종교 중에 비교적 진보된 형식으로 보고 있다. 따라서 본질적으로 조상숭배는 무엇보다 혼귀에 대한 숭배로 보고 있는데, 이런 점에서 조상신은 바로 조상의 혼귀이며, 조상숭배는 조상의 혼귀에 대한 숭배가 되는 것이다.[9]

그렇다고 한 시대를 살다가 죽은 이들 모두가 조상

---

7 김광억, 「조상숭배와 사회조직의 원리: 한국과 중국의 비교」, 『한국문화인류학』 18, 한국문화인류회, 1986, 110쪽.

8 선정규, 「중국인의 靈魂觀」, 『동아시아의 영혼관』, 동아시아고대학회 편, 경인문화사, 2006, 182쪽.

9 위의 논문, 182쪽.

숭배의 대상이 되는 건 아니다. 조상숭배의 대상이 될 수 있는 조상은 일정한 자격을 갖춘 자에 한한다.[10] 그런데 일정한 자격이란 특정 집단에 따라 차이가 있겠지만, 살아생전 혹은 죽는 과정에서 일반인과 차별되는 능력이나 영적인 능력을 말한다. 신들에 따라서는 평소 그가 보여 준 뛰어난 능력이 될 수도 있고, 원활하게 한 집단을 다스렸던 능력이 될 수도 있다.

하지만 조상숭배에서 보이는 조상이라는 관념의 폭은 보다 넓은 의미에서 바라볼 필요가 있다. 앞서 소개한 바와 같이 조상숭배에서 보이는 조상은 존경의 대상으로만 해석되지만, 단순히 나보다 앞서 태어난 사람先祖을 조상으로 볼 수 있기 때문이다. 이런 점에서 보면 조상숭배에서의 조상은 결혼을 하지 못해 죽은 잡귀잡신을 비롯해 평범하게 한 세상을 살다 죽은 일반인까지 포함된다.

조상숭배사상을 실존 인물신의 등장 배경으로 보는 연유는 신앙의 대상으로 모실 수 있었던 조상이 한 시대를 살았던 인물이기 때문이다. 실제로 조상신들을 보면 특정 집단과 밀접하게 관련되어 있고, 사람들의 의식이나 사고에서 오래 기억되는 존재들이다.[11] 자연신이 지배하던 시기에, 실존 인물신의 등장

---

10 최길성, 『한국민간신앙의 연구』, 계명대학교출판부, 1989, 19쪽.

11 이용범은 한국의 무속에 나타는 신 중 인물신의 경우는 다른 유형의 신들보다는 상대적으로 인간과 보다 역동적이고 밀접한 관계를 유지하고, 그만큼 사람들의 의식 속에 명확

부안 서문안 당산에 있는 당산할아버지·할머니 석장승

은 엄청난 변화가 아닐 수 없었다. 특히 함께 먹고 마시며 지내 온 누군가가 죽은 후에 신이 되었다는 사실은 자연신이 지배하던 시기에는 전혀 생각할 수 없었다. 그리고 오늘날 여러 지역에 모셔진 인물신, 그중에서도 실존 인물신과 상반되는 허구적이거나 구체적이지 않은 인물신(당산할아버지신, 도당할아버지, 골맥이 서낭님

하게 기억되는 존재들이라고 언급한바 있다(이용범, 「한국 무속에 나타난 신의 유형과 성격」, 『민속학연구』 13, 국립민속박물관, 2003, 232쪽).

등)[12]은 자연신에서 실존 인물신으로 변해가는 과도기에 등장한 신으로 볼 수 있다.

실존 인물신의 등장에 있어 조상숭배사상이 영향을 주었다는 사실은 제주도 지역의 마을신앙을 통해서도 구체적으로 확인할 수 있다. 제주도 지역에서는 마을의 당堂인 본향당本鄕堂에 모셔져 있는 당신堂神을 '○○조상'이라고 부르기도 하고, 신명神名에 성씨姓氏를 붙여 부르기도 한다. 특히 후자의 경우는 제주도 전역에서 흔히 볼 수 있는데, 제주시 이호동·노형동의 각 자연부락에 있는 본향당신의 이름은 '송씨할망'이고, 제주시 봉개동의 본향당신은 '김씨할망'·'강씨할망'·'양씨할망' 셋이다.[13]

제주도를 비롯한 전국 각 지역에 보이는 '○○ 할아버지·할망·할머니' 등의 신과 임경업 같은 실존 인물이 신으로 모셔져 있는 양상은 분명 다르다. 하지만 이들 모두 자기 지역과 관련된 조상을 신으로 모신다는 공통점을 지닌다.

---

12 골맥이 서낭님은 주로 영남 지역에서 집중적으로 보이는 마을의 수호신을 이른다. 골맥이는 마을을 막아주는 의미가 강한데 이 골맥이 서낭님에게는 성씨가 붙는다. 예컨대 골맥이 김씨할배, 골맥이 이씨할매 하는 식이다. 이때 영남방언의 할배는 조부라는 뜻이 아니라 조상이라는 뜻을 가진다(장주근, 「한국 민간신앙의 조상숭배 −유교 제례 以外의 전승자료에 대하여−」, 『한국문화인류학』 15, 한국문화인류학회, 1983, 72쪽).

13 현용준, 『제주도 무속연구』, 집문당, 1986, 174쪽.
제주도 지역의 마을신에서 볼 수 있는 조령적 성격은 이 두 가지 이외에, 당신에 붙여진 성씨와 신앙민인 부락민의 성씨가 일치한다는 것이다. 실제로 부락을 개척한 실존 인물을 당신으로 위하는 부락이 많으며, 과거의 걸출한 인물을 당신으로 모시고 있는 부락이 많다. 그리고 처녀의 사령이나 비명에 죽어간 영혼을 당신으로 모시고 있는 부락도 많이 있다(같은 책, 175~176쪽).

제물상이 차려진 당집 안의 모습

　　필자는 조상숭배사상은 기나긴 수렵·채취의 시기가 끝나고 본격적인 정착 농업이 시작되면서부터 생겨난 것으로 보고 있다. 인간이 일정한 장소에 터를 잡고 모여 살면서부터 사회는 보다 복잡하게 분화되는데, 이 과정에서 조직체계組織體系가 생겨나게 되고, 마을의 연장자年長者는 주민들을 통치하는 일뿐만 아니라 제장祭長의 역할까지 담당하게 된다.[14] 그리고 일정한 의례와

---

14 원시농경사회에서의 지도자를 인류학적 용어로 수장(首長: Headman)이라 하며, 이들은 대개 출계 집단의 우두머리이거나 연장자이다. 이러한 지도자는 수렵채집사회에서와 비

의식이 생겨나면서 지역민(부족민)들은 죽음을 맞이한 연장자를 위해 특별한 의식을 거행하였을 것이다. 이것은 '조상신(조상숭배)'의 한 양상인데, 중요한 사실은 이런 풍습은 농경민족이 대가족 제도를 형성한 곳의 통유현상通有現象으로 볼 수 있다는 점이다.[15] 본격적인 농경사회가 시작되면서 이러한 의례는 더욱 확고하게 자리를 잡게 된다.

농업, 그중에서도 답농경畓農耕을 영위하는 민족에게서 이런 모습이 두드러진다. 정착농이 시작되면서 기존처럼 다른 지역으로 이주할 필요가 없게 되는데, 특정 지역에 정착한 동족 집단은 공동의 제사를 통해 결속력을 다졌다. 그리고 이들 동족 집단들의 신앙의 대상은 자연신이 아닌, 그들이 믿고 따랐던 조상이었던 것이다. 적어도 이 시기에 오면서 인간은 평소 그들이 믿고 따랐던 노장(조상)에 대해서는 사후死後라 할지라도 생전生前과 마찬가지로 존경하거나 숭배를 했다. 결국 농경을 바탕으로 한 혈연 중심의 공동체에서는 비교적 능력이 있는 조상을 존경하고, 그의 뛰어난 능력을 본받기 위해 사후에 그러한 실존 인물을 신

숫하게 비공식적 지도자의 특징을 강하게 지니며 비전문적 정치인에 머문다. 그는 나머지 주민들과 함께 생계행위에 참여하며, 그의 생활양식과 富 축적 정도는 그들과 다를 바가 없다. 따라서 수장에 의한 의사결정은 물리적 수단 등으로 강제적으로 집행되거나 강요될 수 없으며 그의 권력행사 또한 매우 제한적이다. 보통 수장은 스스로 솔선수범함으로써 주민들의 추종과 협력을 구할 수 있다(김주희, 『문화인류학의 이해』, 성신여자대학교출판부, 1999, 52쪽).

15 김두헌, 『韓國家族制度硏究』, 서울대학교출판부, 1969, 578쪽.

으로 모셨던 셈이다.

　　이렇듯 실존 인물신이 등장할 수 있었던 데에는 조상숭배사상이 영향을 준 것만은 사실이다. 그렇지만 앞서 소개한 바와 같이 정착농이 시작되면서 실존 인물신이 등장했다는 구체적인 사례는 확인할 수 없다. 다만 여러 가지 내용을 검토해 보면 우리나라에서는 통일신라시대 이후부터 본격적으로 실존 인물이 신으로 모셔지기 시작한 것으로 보인다. 이 시기에 실존 인물을 신으로 모셨다는 구체적인 사례는 찾아볼 수 없지만,[16] 김유신이 통일을 돕고 죽은 후에 다시 천신이 되었다는 사례[17]에서 그 흔적을 엿볼 수 있다. 신라 30대 왕인 문무왕이 죽어 호국護國의 용신龍神이 되었다는 사실은 이를 뒷받침한다.

2. 도교사상의 영향

　　우리가 흔히 이야기하는 도교道敎와 도가사상道家思想은 엄밀한 의미에서 볼 때 차이가 있다. 전자는 종교사상이요, 후자는 철학사상이다. 실제로 이 둘은 처음부터 별개의 것으로 출

---

16 村山智順, 『조선의 귀신』, 김희경 옮김, 동문선, 1990, 114~115쪽.

17 신라의 명장 김유신은 삼십삼천의 천신 중 하나인데 생을 인간으로 받아 신라의 통일을 돕고 죽은 후에 다시 천신이 되었다(위의 책, 115쪽).

발하였다. 물론 둘의 별개성에 대해서는 조금의 차이가 있다. 그렇지만 중요한 것은 도교는 불교·기독교와 같이 뚜렷한 개조적開祖的 인물을 가지면서 처음부터 확실하게 자기 사상으로 발전한 사상이나 신앙체계가 아니라는 점이다.

본래 도교는 고대의 다양한 민간신앙을 포괄적으로 받아들여 출발한 사상이다. 세력의 확장과 더불어 점차 교단敎團의 형성과 이론적인 것의 뒷받침이 요구되자 도가·역리易理·음양오행陰陽五行·참위讖緯·의술醫術·점성占星 등을 잡유적雜糅的으로 받아들였다. 그리고 윤리적倫理的인 기반으로서 유교의 이론을 강하게 받아들였으며, 교단의 형성과 조직은 불교의 것을 받아들였다. 그런 과정에서도 도교는 민간신앙을 밑바탕에 두고 있는 만큼 무술적巫術的인 것이 항상 강하게 작용하고 있었다.[18]

원시적인 형태의 도교 교단은 후한後漢 순제順帝 때(2세기 전반)의 도사 우길于吉에 의해서 '태평도'라는 이름으로 형성되었다. 그런데 이보다 조금 늦었지만 거의 비슷한 시기에 장릉張陵에 의해서 '오두미도五斗米道'가 나타났다. 전자는 부수符水를 마시고 주사呪詞를 읽음으로써 질병을 치유하는 등의 현세 이익에 중점을 둔 교법이었다. 이것은 하층민의 지지를 얻어서 큰 세력을 형성하였고, 마침내 후한 왕조의 타도를 위한 반란을 일으키지만 수

---

18 宋恒龍, 「중국도교사상의 한국유입과 그 전개추이」, 『아세아연구』 70, 고려대아세아연구소, 1983, 197~198쪽.

년 만에 궤멸潰滅하였다. 후자는 병자에게 자기의 과거를 반성하게 하고, 삼관수서三官手書: 일종의 서약서를 천지수天地水의 신에게 바치고 부수를 마시며 기도를 행하는 것으로 되어 있었다. 오두미도는 장張씨 일가를 중심으로 치외법권적 종교왕국을 이룩하기도 했으나 후한이 망한 뒤에 위魏·촉蜀의 토벌을 받아 3세기 초에 소멸되었다. 그러나 그 이후 이름을 '천사도天師道'라 고쳐 교단을 유지해 나갔다. 이러한 태평도나 오두미도의 교법은 부적이나 기도 등을 통해 치병을 다스리는 것이 주된 목적인데, 이것은 도교의 원시적 형태로 흔히 원시도교라 부르기도 한다.[19]

한국의 도교는 중국으로부터 전래傳來된 것으로 보는 것이 일반적인 상식이다. 이러한 인식은 한국뿐만 아니라 일본·월남 등의 도교 역시 마찬가지이다. 한국의 역사 기록을 보면 고구려시기에 당唐으로부터 도교문화를 받아들였다는 내용을 확인할 수 있다. 중국은 물론 일본·구미 제국의 도교학자들이 한국 도교의 기원을 서술할 경우, 중국으로부터의 전래설[20]을 당연시

---

19 都珖淳, 「한국 도교의 사적 연구」, 『도교학연구』 7, 한국도교학회, 1991, 18~19쪽.

20 한국에서는 도교의 기원설에 대해 전래설과 자생설로 양분되어 논의되고 있는데, 전래설을 주장하는 연구자들에 의하면 도교의 공식적인 한반도 전래 시기는 『三國史記』의 기록을 토대로 7세기 초로 잡는 것이 일반적인 견해다. 그러나 고고·미술사적 자료를 볼 때 7세기 이전에 이미 도교가 들어와 존재하고 있다는 사실이 명백하다. 4세기 초까지 평양 지역에 존재하였던 낙랑(樂浪)의 유물 중에 한대(漢代)의 동경(銅鏡)이 있는데 동경은 도교의 중요한 주구(呪具)이기 때문이다(정재서, 『한국 도교의 기원과 역사』, 이화여자대학교출판부, 2006, 80쪽).

하고 있는 것은 이 기록에 근거하고 있다.[21] 중국에서 발생된 도교는 당나라를 통하여 우리나라 삼국으로 들어와 발전하면서 고려를 지나, 이조 중기 조광조의 건의에 따라 조정에서 소격서昭格署를 폐할 때까지 국가적 행사의 하나로 명맥을 유지해 왔다.[22]

　　　　실존 인물신의 등장이 도교와 밀접하게 연관되어 있다는 점은 도교의 기원 등 다양한 특징을 통해 이해할 수 있다. 우선 도교와 실존 인물신이 관련되어 있다는 부분은 바로 자연신이 지배하던 시기와 달리, 인간도 능력 여하如何에 따라 신이 될 수 있다는 도교의 사상이다. 이는 도교의 기원과도 관련이 있는데, 중국에서 발생한 도교의 기원은 전국戰國시대에 유행했던 신선神仙신앙에 바탕을 두고 있기 때문이다. 중국 원시시대부터 전해 오는 도교는 무술巫術과 금기禁忌, 귀신에게 바치는 제사·민속신앙·신화와 전설·각종 방술方術 등이 결합돼 이루어진 것이다. 도교가 추구하는 바는 속세를 초탈하여 수련을 통해 불로장생不老長生하고 선인仙人이 되어 도탄에 빠진 인간을 구제하는 것이다.[23] 특히 도교의 신선사상에서 보이는 '사람이 죽으면 육체가 그대로 하늘로 올라가 신선이 되어 영원히 죽지 않는다'는 내용이 실존 인물

21 위의 책, 70~71쪽.

22 이석호, 「중국 도가·도교사상이 한국 고대사상에 미친 영향 −특히 삼국사기·삼국유사에 보이는 기록을 중심으로−」, 『延世論叢』, 연세대학교 대학원, 1978, 39~40쪽.

23 장언푸, 『한 권으로 읽는 도교』, 김영진 옮김, 산책자, 2008, 17쪽.

신의 등장과 일정 부분 관련이 있다.

　　자연의 이치에 따르면 인간은 태어나면 반드시 죽음에 이르게 되는데, 이것은 누구나 피할 수 없다. 그러나 신선사상에 근원을 둔 도교는 기를 잘 유지하면 장수를 이루는 데서 멈추지 않고 정해진 생사의 질서를 갑자기 넘어버릴 수 있다고 생각하였다.[24] 특히 도교와 관련이 깊은 『太平經』 등의 내용을 보면 평범한 사람과 신선이 결코 원래부터 서로 다른 존재가 아님을 알 수 있다. 이것은 곧 평범한 사람이라도 도를 얻어 '기에 자신을 내맡기고 작위하지 않는 수행을 계속하면 체내의 응결된 신기神氣가 하늘로 올라가 천도天道와 합일되는 선화仙化를 경험하게 된다는 것'을 의미한다.[25] 도교에서 말하는 신선이 될 수 있는 방법에는 수행만 있었던 것은 아니다. 도교에서는 선약仙藥을 복용하는 경우에도 신선이 될 수 있다고 믿었다. 따라서 도교의 사상에 근거하면 하루 속히 수도하여 신선과 선약이 지천으로 널려 있는 복지동천福地洞天에 거주하면서 몸에 좋은 경장금단瓊漿金丹을 만들어 먹어, 신선이 되어서 바람을 타고 다니며 세상을 소요逍遙할 수 있다.[26]

　　이런 신선사상에 입각한 도교적 사상은 무속적인

---

24 최진석, 「도교의 생사관」, 『철학연구』 57, 철학연구회, 2006, 66쪽.

25 김성환, 「초기도교의 철학사상 −『태평경』과 『老子想爾注』를 중심으로−」, 『中國哲學』 7, 중국철학회, 2000, 132쪽.

26 장언푸, 앞의 책, 18쪽.

마카오의 관우 장군신

사상과의 결부를 통해 인간 가운데 뛰어난 인물이나 현실 역사에서의 패배자 내지 희생자를 신격으로 추존하여 해원시키는 무속 원리를 구현시킨다. 대표적인 예가 바로 오늘날 우리나라에도 모셔지고 있는 관운장(관우 장군)의 신격화이다.[27] 실제로 중국 여러 지역에 모셔진 관운장은 우선 중국의 전통적인 도교적 관습이 불교와 습합된 채 오랜 세월을 거치는 동안 중국인들에게 자연스럽게 생활화되고 몸에 배게 된 민간신앙(즉 생활종교)이라는 것을 짐작할 수 있다.[28] 인간 가운데 뛰어난 인물들이 죽어서 신으로 받들어지는 과정 역시 도교적 신론체계와 유사하다. 도교적 신론에서는 수련 과정을 거쳐 도달한 신선과 높은 위계의 신들 사이가 모호하여 서로 동일시하는 경향도 보이기 때문이다. 관운장처럼 역사적으로 뛰어난 인물이 도교적 신에 포함되는 것도 흔히 볼 수 있는 현상이다.[29]

실존 인물신의 등장은 바로 이러한 도교사상이 지대한 영향을 끼쳤음을 알 수 있다. 특히 평범한 사람도 어느 정도의 도와 기에 이르면 신선이 될 수 있다는 점과 인간의 능력 여하에 따라 신으로 좌정될 수 있다는 사고가 그러하다. 그리고 이러한 사상이 점차 확대되면서, 지역에 지대한 업적을 남겼거나 억울하게 죽음을 당한 실존 인물이 신으로 모셔지는 데 중요한 요인으로 작용했을 가능성이 크다.

27 金洛必, 「道教와 韓國民俗」, 『비교민속학』 24, 비교민속학회, 2004, 95쪽.

28 김필래, 「관우설화 연구」, 『漢城語文學』 17, 한성대한성어문학회, 1998, 63쪽.

29 金洛必, 앞의 논문, 95쪽.

3. 인간의 인지사고 발달

신앙의 대상이 자연신에서 실존 인물신으로 변한 시점은 정확하게 알 수 없다. 오늘날까지 남아 있는 신들의 유형이 매우 다양할 뿐만 아니라, 신들의 변화를 기록한 역사물이 부족하기 때문이다.

신앙 세계가 변화하게 된 원인은 여러 측면에서 고민할 수 있다. 표인주는 종교관의 변화 및 자연에 대한 인간의 사유방식의 태도 변화, 인간의 생업 구조적 변천 등을 주요 요인으로 꼽고 있다.[30] 필자가 앞서 제시한 조상숭배사상과 도교사상은 표인주가 말하고 있는 내용을 좀 더 구체적으로 살펴본 것이라 할 수 있다. 그렇지만 이 두 사상이 신들의 변화에 영향을 줄 수 있었던 근본적인 연유는 아마도 시대의 변화에 따라 인간의 인지사고認知思考가 발달한 것과 연관이 있을 것이다.

종교적 측면에서 이야기하는 인간의 인지사고 발달은 과학의 발달과도 관련이 있다. 다시 말하자면 인간이 두려움과 경이로움의 대상으로 여겼던 자연물에 대한 법칙과 그에 대한 이치를 이해하면서, 자연은 그러한 존재로서의 기능과 역할을 상실했다는 것이다.[31] 이를 계기로 자연신과 같은 허구적인 신에 대

---

30 표인주, 앞의 논문, 139쪽.
31 고대의 백성들은 생산력이 낮았고 각종 자연현상에 대한 정확한 인식이 부족했다. 이 때

한 믿음이 약화되면서 인간은 자연신과는 다른 새로운 형태의 신을 찾았다. 당초에는 천제天帝 개념의 신이 중심이었지만 인간 사고의 발달로 인해 인왕人王이 등장한 것이다.[32]

　　　　인간의 인지사고 발달로 신앙체계가 바뀐 흔적은 신에게 바치는 제물을 통해서도 엿볼 수 있다. 대표적인 흔적은 심청전에서 찾을 수 있는데, 인간의 인지사고가 발달하기 전에는 심청처럼 사람을 바다에 빠뜨리던 양상人身供犧이 지배적이었지만, 그 이후로는 심청과 같은 인물을 대신하여 특정 물건이나 음식 등을 제물로 바쳤다.[33]

문에 일월성신·풍우뇌전·山川大地·草木鳥獸 등에 신기한 기량이 있다고 믿는 등 자연계의 각종 현상에 대해 경외감을 품었다. 또 神에 대한 경외감과 숭배심으로 인해 끊임없이 각종 제사와 이와 관련된 무속문화를 발전시켰다. 이러한 무속문화, 즉 跳神·占卜·禁忌·兆驗·讖緯·符咒 등 매 제사마다 쓰였던 무술의식이 도교로 흡수되었는데 이는 주로 도교 符籙派에게 계승되었다(장언푸, 앞의 책, 18쪽).

32 何新, 『神의 起源』, 홍희 옮김, 동문선, 1990, 21~22쪽.
　신의 세계는 지상에서 생활했던 인간의 생활에서 비롯되었다. 그러므로 신들도 사람과 같이 먹고 마실 수 있으며 정욕을 가지고 있는 인격신이었다. 지상의 인간세계에 계급이 생기고 여러 가지 일을 분담하여 전담하게 되자 신들의 세계에도 계급이 생겨나고 각기 맡은 일이 있게 되었다. 신은 본래 인간이 변화하여 발전된 것이므로 신화의 변천은 바로 고대사의 전설이 되었다. 이러한 변화는 인간 의식의 발전에 따른다. 楊寬은 「中國上古史導論」에서 이 점을 다음과 같이 말하고 있다. '천신에 대한 殷周의 관념 속에서는 본래 의식이 있는 인격신인 이유로 發號司命할 수 있었으나 춘추전국의 문화에서는 점차 이런 관념이 지식 계층 속에서 믿어지지 않게 되었다. 지식계층은 雅馴하지 않은 신화를 윤색하여 사람의 말(人話)로 만들게 되었다. 이에 天帝가 변화하여 人王이 되었고 신화는 점차 古史로 변했다.'
33 인신공희와 함께 고려해 볼 내용이 바로 순장(殉葬)풍습이다. 산 사람을 매장하는 순장풍습이 사라진 것도 인신공희와 마찬가지로 인간의 인지사고 발달과 관련이 있는 것으로 볼 수 있다. 이러한 순장풍습이 정확하게 언제 사라졌는지 알 수는 없지만, 6세기 중엽까지 이 풍습이 남아 있었다고 한다(김기홍, 「한국 殉葬制의 역사적 성격」, 『建大史學』 8,

인간의 인지사고가 발달하면서 실존 인물신이 등장할 수 있었던 것은 자연신보다는 실존 인물신이 보다 구체적인 동시에, 직간접적으로 자연신보다 인간의 마음을 잘 헤아려 줄 수 있을 거라는 믿음 때문이다. 특히 특정 인물의 업적과 행동을 기억하고, 이를 영원토록 잊지 않기 위해 신앙민들은 실존 인물의 사후에 그를 신앙의 대상으로 모신 것이다. 그리고 그러한 실존 인물은 특정 지역의 신으로 자리 잡아 지역민들의 소원을 들어주고 그들이 살고 있는 지역을 보호해 주었다.[34]

4. 기타

실존 인물신이 등장할 수 있었던 요인은 앞서 살펴본 내용 이외에도 여러 가지가 있다. 그렇지만 무엇보다 주목해야 하는 부분이 있는데, 그것은 바로 국가 권력체계의 변화에 따라 새로운 집단이 성장했다는 점이다. 고대 중국의 경우만 보더라도 국가 권력은 일반적으로 천자에서 제후로, 제후에서 신하로 옮겨 갔고, 개별 국가에 따라서는 특정 지역을 관할하는 지방관으로

건국대학교사학회, 1993, 1쪽).

34 강남주, 「실존인물의 신격화 과정 -日本 岐阜縣 治水神社 大祭의 경우-」, 『비교민속학』 11, 비교민속학회, 1994, 106쪽.

옮겨 갔다. 국가의 권력이 이렇게 변화할 수 있었던 데에는 여러 가지 원인이 있겠지만, 이러한 변화와 함께 사학私學의 발달과 사士를 배양하는 풍토가 일어났다는 점을 주목해야 한다.[35] 여기에서 언급하고 있는 사학의 발달은 관 주도의 교육에서 일반인 중심의 교육으로 변화하였다는 것이고, 사를 배양하는 풍토는 국가 중심의 권력 집단과는 대조되는 사계층이 성장하였음을 보여 준다. 사계층은 사학은 물론 경제력을 바탕으로 성장하여 새로운 권력 집단으로 부상할 수 있었는데, 특히 사계층 성장의 밑거름이 될 수 있었던 사학은 바로 유교를 바탕으로 한 유학儒學이었다.[36]

　　　　이렇게 성장한 사계층은 지식과 경제력을 바탕으로 인재를 길러 정치적 명예를 높이고 정치세력을 키워가고자 하였다. 이런 과정에서 일반 백성들로 하여금 호응을 얻는 일이 무엇보다 중요했는데, 호응을 얻는 데 있어 효과적인 방법 중에 하나가 바로 자신들과 관련 있는 인물을 우상화하는 일이었다. 실존 인물신의 등장에 이러한 영향이 있었다는 것은 중국의 사묘 발달 과정을 통해서도 엿볼 수 있다. 중국에서는 사社에서 봉사奉祀하는 대상은 원래 추상적인 토지신이나 원고遠古시대에 백성들에게 커다란 공업功業을 주었다고 생각하는 구룡句龍·후토后土·대우大禹와 같은 전설 속의 인물들이었다. 그러나 한대 이후에는 민간에

---

35 첸파핑, 『한 권으로 읽는 유교』, 최성흠 옮김, 산책자, 2008, 43쪽.
36 위의 책, 44~49쪽 요약.

서 영향력이 큰 인물이 사제社祭의 숭배대상으로 모셔졌고, 백성들에 공덕이 있는 인물을 사신社神께 배향配享하는 경우도 생겨났다. 이들은 이전과 달리 모두 실존 인물인데, 이 시기에 실존 인물이 신으로 모셔질 수 있었던 데에는 당시의 왕조(당대)가 고대 국가의 특성상 농업생산에 대해 특별히 관심을 가지고 있었던 것과 관련이 있다. 그렇지만 이것은 사社를 중심으로 하는 시방세사제계를 통해 기층 민중에게 관방官方의 일방적인 통치이념을 주입시키고 그들의 정신생활까지도 통제하려는 강렬한 의지의 표현으로 볼 수 있다.[37]

　　　물론 모든 실존 인물신이 이러한 영향을 바탕으로 등장한 것은 아니다. 우리나라의 사례를 보면 역사적 인물의 신격화는 인위적이고 정치적인 경우와 자연적이고 민중적인 경우로 나눠진다.[38] 또 다른 측면에서는 처음부터 주민들 중심의 마을신으로 모셔진 경우와 특정 신앙 집단(부족)에 의해 차츰 지역을 대표하는 신으로 확대한 경우로 나눠 볼 수 있다.

　　　앞서 언급한 바와 같이 실존 인물신이 등장할 수 있었던 데에는 자연적으로 등장한 경우도 있지만, 인위적으로 등

---

37 金相範, 「地方祭祀體系와 民間信仰의 관계」, 『중국사연구』 19, 중국사학회, 2002, 95~96쪽 요약.

38 이경엽, 「순천의 성황신앙, 산신신앙과 역사적 인물의 신격화」, 『남도민속연구』 6, 남도민속학회, 2000, 179쪽.

장한 사례 역시 비교적 쉽게 찾아볼 수 있다. 후자의 경우는 순창 지역의 성황신으로 모셔진 설공검薛公黔이 대표적이다. 설공검은 순창의 토성土性인 순창 설씨薛氏에 의해 지역의 신으로 모셔졌는데, 순창 설씨의 집안에서는 지역을 통치하기 위한 수단으로 자신의 가문 출신 중 크게 영달한 인물을 성황신이나 산신으로 추봉하였다. 이는 결국 중앙에서 현달顯達한 설공검을 성황신으로 모셔 지역민들의 자발적인 복종심과 단결을 유지함으로써 지역을 통치하고자 한 목적이 내재된 것이다.[39] 곡성의 성황신으로 모셔진 신숭겸의 경우도 이와 같은 맥락에서 이해할 수 있다.[40] 이에 박호원은 실존 인물신과 관련이 깊은 성황신앙이 고려시기에 중국에서 우리나라로 들어올 수 있었던 배경을 성종과 유신들이 호족들을 신앙적으로 통제하고, 왕권을 지방에까지 확산시키고자 했던 의도에서 찾고 있다.[41]

　　　　　실존 인물신의 등장에 있어 특정 집단(부족)이 지역을 통치하기 위한 측면이 있다는 점은 특정 지역에서 특정 집단

---

39 김갑동, 「고려시대 순창의 지방세력과 성황신앙 -城隍大神事蹟 懸板을 중심으로-」, 『한국사연구』 97, 한국사연구회, 1997, 85쪽.

40 곡성의 성황신으로 모셔진 신숭겸도 그와 관련된 제의를 통하여 지역적인 연대의식을 고취시키며 나아가 그러한 행사를 주도함으로써 자신들을 중심으로 지역민을 결집시켜 토착세력으로서의 위상을 굳건히 하려는 의도가 숨겨져 있다(이경엽, 앞의 논문, 102~103쪽).

41 박호원, 「한국의 공동체신앙의 역사적 연구 -동제의 형성 및 전승과 관련하여-」, 한국정신문화연구원, 1997, 204쪽.

(부족)의 정착 문제와도 일정 부분 관련이 있다. 순창 지역의 사례에서도 엿볼 수 있듯 순창 설씨는 본인들의 집안(가문)을 존속시키기 위해 비교적 이 지역에서 널리 알려진 설공검을 지역의 수호신으로 모셨다.[42] 이는 『고대도시』에서 언급하고 있는 바와 같이 자기 종족 및 가족을 대표하는 신이 일정 시간이 지나면서 지역의 신으로 확대되는 양상과 일맥상통한다.[43]

이런 내용을 정리해 보면 실존 인물신은 자연발생적으로 등장했을 가능성도 있겠지만 다분히 인위적으로 특정 집단 혹은 부족에 의해 신격화된 양상도 결코 무시할 수 없다. 이 점은 리처드 도킨슨의 『만들어진 신』의 주요 골자와 유사한 것으로, 자연신과 달리 실존 인물신은 특정 부족 내지 집단에 의해 인위적으로 신격화되었을 가능성이 높음을 보여 주는 것이기도 하다. 물론 이 내용이 보편적인 것은 아니다. 그럼에도 불구하고 한 시대를 살다 간 수없이 많은 인물 중에서 유독 특정 인물이 신으로 모셔질 수 있었던 데에는 이러한 인위적 측면이 있을 수 있다

---

42 견훤의 사위인 박영규와 관련된 순창의 해룡산사에서도 이러한 모습을 엿볼 수 있다. 해룡산사는 김총의 사례에서와 같이 특정 성씨에 의해 건립되지만 토착 세력의 지방사회 통치 차원에서 이루어졌기 때문에 성씨 시조신의 의미에 제한되지 않고 고을 수호신을 모신 공간으로 확장되어 운영되었다. 순천도호부의 공식적인 후원을 받는 제의로 전승되었던 것이다. 『신증동국여지승람』이나 『승평지』祠廟條에 사직단, 문묘, 성황단, 여단 등과 함께 해룡산사가 등재되어 있는 것이 그것을 말해준다(이경엽, 앞의 논문, 174쪽).

43 『고대도시』에는 국가가 발달하면서 처음 가족 단위로 모셨던 신들이 점차 부족으로 확대되고, 이후 국가를 대표하는 신으로까지 이어져 오고 있는 것으로 명시되어 있다.

는 사실만은 간과해서는 안 될 것이다.

　　　결국 이 장에서 살펴본 내용을 토대로 정리하면 자연신과 허구적인 인물신이 지배하던 시기를 지나 실존 인물신이 등장할 수 있었던 것은 인간의 인지사고 발달, 이에 따른 종교를 포함한 사상의 영향, 그리고 지배세력의 변화에 따른 특정 인물의 인위적인 우상화 등과 관련이 있음을 알 수 있다. 언제부터 신앙 대상이 변화되었는지 단정할 수 없지만, 이러한 내용들이 직간접적으로 연관되면서 자연신이 지배하던 시기를 벗어나 새로운 형태의 실존 인물신이 등장하게 된 것으로 이해할 수 있다. 그리고 실존 인물신은 이후 오늘날처럼 더욱 다양한 유형과 양상을 지니게 된 것이다.

3장
실존 인물신의 유형

• 실존 인물신의 유형

　　실존 인물이 신으로 모셔진 사례는 여러 지역에서
확인할 수 있다. 서양에서는 알렉산더 장군이 사후에 신으로 모
셔져 있으며,[1] 동양의 경우는 중국과 일본 등에서 여러 인물이 지
역의 신으로 모셔져 있다. 우리나라에서는 우리가 익히 잘 알고
있는 단종·최영·임경업 이외에 다양한 실존 인물이 신으로 모셔
져 있다.

　　여러 지역에서 신으로 모셔진 실존 인물은 지역에
따라 다양한 양상을 보인다. 그럼에도 불구하고 실존 인물신의
유형을 살펴보면 임금(왕)과 장군이 다수를 차지하며, 지역에 따

1　조현미, 「그리스 세계의 인간숭배 전통: 알렉산드로스 이전까지의 신격화 선례를 중심
으로」, 『서양고대사연구』 20, 한국서양고대사학회, 2007.

라서는 신분을 지닌 학자와 선비가 신으로 모셔져 있다.[2]

여기에서는 실존 인물신을 크게 임금과 장군, 그리고 외부에서 온 인물, 기타로 구분하고, 이들 유형에는 어떤 실존 인물신이 있는지를 살펴보고자 한다. 아울러 이들 인물신이 신으로 모셔진 연유에 대해서도 간략하게 언급하고자 한다.

1. 임금

임금이 신으로 모셔져 있는 사례는 여러 지역에서 확인된다. 강원도 영월 지역을 중심으로 인근의 여러 지역에서 마을신으로 모셔져 있는 단종端宗, 1441~1457을 비롯해, 봉화군·안동시 등에서 모셔져 있는 공민왕恭愍王, 1330~1374이 대표적이다. 이 밖에 서울시 용산구 서빙고동의 주신主神으로 모셔져 있는 이성계, 그리고 견훤 등이 모두 여기에 속한다.

---

2 신앙의 분류체계는 연구자마다 다양한 견해를 보인다. 이런 원인은 신격이 다양하고, 특정 신격이 특정한 신앙형태서만 보이는 것이 아니기 때문이다. 비록 마을신을 대상으로 한 것은 아니지만 김태곤은 무속신을 크게 자연신 계통의 신과 인신, 그리고 기타신으로 구분하면서, 인신에는 왕신, 장군신, 대감신, 부인신·각씨신, 불교계통신, 도교계통신, 일반인신 등이 포함되는 것으로 보았다(김태곤, 『한국무속연구』, 집문당, 1981, 157쪽).

1) 공민왕

　　고려시대를 살았던 공민왕은 '홍건적의 난'을 피해 3년 동안 안동에 몽진蒙塵한 것이 계기가 되어, 이 일대에서 신으로 모셔져 있다. 물론 공민왕 신이 집중 분포된 곳은 안동이 아닌 봉화군이다. 봉화군에도 안동과 마찬가지로 공민왕이 몽진하였던 흔적이 여러 곳에 남아 있는데, 공민왕성이 대표적인 유적이다. 이들 유적을 통해 알 수 있듯이 지역민의 입장에서 공민왕이 몽진 지역에 있었다는 사실은 어느 정도 의미가 있었던 것 같다. 그리고 이것이 계기가 되어 그가 공민왕성이 있는 봉화군 지역에서 신으로 모셔질 수 있었다.[3] 봉화군에서도 부곡리 지역에서는 근래까지 공민왕을 신으로 모시고 있다. 특히 산성山城이 위치한 3개의 자연마을(오봉골·산내·山城)이 합동으로 공민왕을 위해 치제致祭를 올린다. 이 지역에서는 공민왕이 신으로 모셔지게 된 연유를 알 수 있는 다음의 설화가 전해 온다.

　　이 마을에 공민왕이 마을신으로 모셔져 있는 것은 고려 말 공민왕이 난을 피하여 이곳에 와서 철벽같은 산성을 쌓고, 신하와 군사를 거느리고 살았는데, 공민왕이 다섯 필의 말이 이끄는 수레를 타고 다녔다는 오마도의 흔적이 지금도 성문터와 성곽이 쌓인

3　김효경, 「한국 마을신앙의 인물신 연구」, 충남대학교 석사학위논문, 1998, 87쪽.

곳과 그 주변에 남아 있다. 이러한 일을 계기로 공민왕이 이 지역의 마을신으로 모셔지게 되었다.[4]

안동시와 봉화군에서 공민왕을 마을신으로 모시고 있는 이유는 공민왕이 이 두 지역과 관련이 있기 때문이다. 여기에 그가 비운의 생애를 마치고 죽었다는 점도 적지 않은 영향을 준 것으로 보인다.

2) 단종

단종은 문종文宗 공순왕恭順王의 외아들로 8세에 왕세손으로 봉해져 문종이 몽夢한 후인 1452년 5월에 어린 나이로 조선의 여섯 번째 왕이 된 인물이다. 왕위에 오른 단종은 숙부 수양대군의 섭정을 받으면서 왕위에 머물러 있었으나, 1453년 10월 수양대군이 정변을 일으켜 권력을 장악하자 그에게 왕위를 넘겨주고 상상上王이 된 이후 창덕궁에 거처하게 된다. 이후 성상문·박팽년 등이 그의 복위와 권신權臣의 숙청을 기도하려다 실패한 사건을 계기로 단종은 영월로 유배된다. 유배 중에 숙부인 금성대군이 그의 복위운동을 꾀하다가 발각되었는데, 이 사건과 연루되었

---

4 이남식, 「五鳳山城 山神祭사 堂告祀 −山村마을 현지조사중간보고−」, 『한국민속학』 16, 한국민속학회, 1983, 346~345쪽.

다는 이유로 단종은 17세 때 사사賜死를 당한다.[5]

　　단종과 관련된 신앙은 그의 유배지였던 영월 지역을 중심으로 충북 단양군, 강원도의 삼척군·정선군·태백시 등에서 나타난다.[6] 물론 단종이 마을신으로만 전승되는 것은 아니다. 그의 신앙은 국가 차원에서의 제의(단종고유제·계룡산 숙모전의 단종제)를 비롯하여, 산신제(태백산산신제·새길령산신제·고치재산신제 등), 부굿(대왕신령굿)의 형태로 전승된다.[7]

　　단종과 관련된 신앙이 여러 지역에서 다양한 형태로 나타나는 이유에 대해 대다수의 연구자들은 국가 차원의 치제가 우선시되고, 이후에 민간 차원에서도 단종을 신령의 대상으로 모시기 시작한 것과 관련이 있는 것으로 보고 있다. 그리고 단종에 대한 국가 차원의 치제는 세조 때(1466)에 시작되었으며, 민간 차원에서는 17세기 중반부터 시작된 것으로 추정하고 있다.[8]

　　단종이 이 일대에서 신앙의 대상으로 좌정될 수 있었던 주요 요인은 그가 영월 지역에 유배되었다는 점과 함께 비극적(억울하게)으로 죽임을 당했다는 점이다. 다음의 이야기에서 보

5　김효경, 「단종의 신격화 과정과 그 의미」, 『민속학 연구』 5, 국립민속박물관, 1998, 261~262쪽.

6　김효경, 「한국 마을신앙의 인물신 연구」, 충남대학교 석사학위논문, 1998, 93쪽 참조.

7　최명환, 「단종전설이 지니는 신화적 성격」, 『영월지방 민속신앙과 서낭당조사』, 영월문화원, 2002 요약.

8　위의 논문, 188~189쪽.

이듯, 유배 과정에서 그를 가까이에서 지켜본 주민들이 단종의 억울한 죽음을 받아들이기 쉽지 않았던 점도 그가 이 일대에서 신으로 모셔지게 된 이유일 것이다.

예전에 단종대왕이 세조대왕에게 쫓겨서 교자를 타고 올 적에 영월까지 내려오는데 물이 먹고 싶다고 해도 물도 안 떠주고, 사람조자 접근하지 못하게 하고 심지어 먹을 것도 주지 못하게 했어요. 그런 괄시를 받으며, 이렇게 해서 여기까지 와서 잠시 쉬고 있는데 이 마을에 사는 한 노인네가 몰래 물을 떠다 주었다고 그럽디다. 그 우물물이 지금도 있지만 물이 다 말라 버렸어요.[9]

이런 양상은 그가 유배 생활을 했던 청령포 지역의 지리적 여건을 통해서도 확인할 수 있다. 청령포는 지역적으로 강 가운데에 있는 섬으로, 기암절벽의 산이 위치해 있고 남한강의 지류인 서강과 동강이 합류하는 지점에 있어 배를 이용해야만 왕래할 수 있는 곳이다. 이런 곳에서 유배 생활을 하던 단종의 삶은 매우 힘이 들었을 것이다. 실제로 청령포에는 그의 힘든 유배 생활을 대변하는 유적들이 남아 있다. 단종의 비통한 절규를 들었다는 600년 묵은 관음송觀音松, 한양에 두고 온 왕비 정순왕후를 그리워하며

쌓았다는 망향탑 등[10]이 이런 삶을 엿볼 수 있는 대표적인 유적들이다.

단종이 영월 지역과 관련 있다는 점과 억울한 죽음을 당했다는 점이 그가 이 지역에서 신으로 모셔질 수 있었던 중요한 요인임은 부정할 수 없다. 다만 그가 이 지역의 신으로 모셔질 수 있었던 결정적인 계기가 있다. 그것은 바로 그가 죽은 뒤에 지역사회에서 일어난 여러 가지 괴이한 사건들인데, 당시의 주민들은 이러한 사건의 원인을 단종의 죽음에서 찾았다.

> 금년 농사가 잘 되지 않은 것은 다름이 아니라 주상主上이 즉위한 소차이다. 또 대문에 벼락이 떨어져 갑사甲士가 죽었는데 비록 하루라도 다시 상왕을 세웠더라면 천변을 어찌 당하겠는가?라고 하였으니 이는 성상을 간범干犯하는 말에 관계된다.[11]

이 지역에서 일어난 사건들의 원인을 단종의 억울한 죽음 때문이라 여기는 사고는 당시 영월 지역민들뿐만 아니라 조정의 관료들에게까지 퍼졌는데, 이를 계기로 단종은 서서히 민간

---

10 김효경, 「단종의 신격화 과정과 그 의미」, 『민속학 연구』 5, 국립민속박물관, 1998, 264~265쪽.

11 『世祖實錄』 3년 10월 23일.

차원에서 신으로 모셔지게 된 것[12]이다.

　　이 밖에 단종이 신앙의 대상으로 모셔질 수 있던 데에는 국가 차원의 공식적인 치제와 그가 훗날 신원(伸冤)이 되었다는 점을 빼놓을 수 없다. 실제로, 개인적으로 단종을 모시던 사람들은 그가 국가의 치제 대상이 된 이후에야 단종숭배를 양성화할 수 있었다. 훗날 단종이 복위된 사건은 민간 차원에서 그를 신으로 모셔지게 하고, 그것을 여러 사람들에게 공식화하는 계기가 되었을 것[13]이다.

2. 장군

　　신으로 모셔져 있는 실존 인물 중에는 유독 장군이 많다. 김유신을 비롯해 무속신의 전형으로 알려진 최영 장군과 은산별신제의 주신인 복신(福神) 장군, 한국 전쟁 당시 인천상륙작전을 지휘한 맥아더 장군, 고려의 개국 공신으로 알려진 신숭겸[14]

---

12 김효경의 연구에 따르면, 중종 36년 영월에 부임한 군수가 7개월 동안 물경 세 사람이나 사망한 사건이 있었고, 또한 이 무렵에 전염병이 유난히 창궐하기도 해서 많은 사람들이 죽었다고 한다. 김효경은 이러한 여러 가지 정황을 통해 이 시기의 이와 같은 분위기는 단종이 지역신으로 좌정되는 데 중요한 단서를 제공했던 것으로 보고 있다(김효경, 「단종의 신격화 과정과 그 의미」, 『민속학 연구』 5, 국립민속박물관, 1998, 279쪽).

13 최명환, 「단종전설의 신화성 연구」, 세명대학교 석사학위논문, 2001, 23쪽.

14 申崇謙(?~927)은 고려의 개국공신으로 널리 알려진 인물이다. 궁예왕을 몰아내고 政變

장군이 신으로 모셔져 있다.

일부 지역에서 모시고 있는 장군신 가운데는 중국에서 건너온 인물도 있다. 충청도 외연도에 모셔져 있는 전횡田橫 장군이 대표적인 사례이다. 일본의 경우도 우리나라의 장군과 유사한 무사武士가 신으로 모셔져 있으며, 중국에서는 오늘날 재신財神으로 모시고 있는 관우關羽가 신으로 모셔져 있다.

이렇듯 인물신 가운데에는 장군이 신으로 모셔진 경우가 많은데, 여기에서는 여러 장군신 중에서 대표적인 인물만을 소개하고자 한다.

1) 송징

송징宋徵이 어떤 인물인지에 대해서는 구체적으로 확인할 수 없다. 그러나 나경수 등의 연구자들은 그가 장보고와 동일한 인물일 가능성이 크다고 밝힌바 있다.[15] 송징이 신으로 모

에 성공하여, 왕건으로 하여금 고려를 개창할 수 있도록 만든 4명의 핵심 주역 가운데 하나였다. 또한 후삼국기의 손꼽히는 격전지이었던 대구 팔공산전투에서 장렬히 전사함으로써 고려왕조의 역사에서 잊을 수 없는 인물로 기록되어 있다(변동명, 「申崇謙의 谷城 城隍神 推仰과 德陽祠 配享」, 『韓國史硏究』126, 한국사연구회, 2004, 8쪽). 이러한 인물인 신숭겸은 죽어서 곡성의 성황신이 되고, 팔공산의 산신이 되고, 사당과 서원에 배향되며 개인적인 숭배의 대상이 되기도 하였다(李學周, 「신숭겸 설화의 영웅적 형상화 연구」, 『강원민속학』20, 강원민속학회, 2006, 358쪽).

15 나경수·나승만·지춘상, 「전남의 인물전설 연구(1) -송징전설의 전승양상-」, 『한국언어문학』31, 한국언어문학회, 1993, 233쪽.

셔져 있는 지역은 완도 장좌리뿐만 아니라, 완도의 중도리·화개리·대구미·부흥리·대신리·대야리 등이다. 과거에는 완도읍 군내리에도 그의 신사가 있었다고 한다.

이들 지역에서 송징이 신으로 모셔진 양상은 크게 두 가지로 나눠볼 수 있다. 하나는 호국신사이고, 다른 하나는 마을신앙에서 모셔진 양상이다. 전자의 경우는 강진군의 호국신사가, 후자의 경우는 완도의 장좌리가 대표적이다. 특히 완도의 장좌리에시는 매년 정월 보름에 당제를 지내는데 이를 '장좌리 당제'라 한다. 이 지역에서는 장보고로 추정되는 송징을 주신으로 하고 정년과 혜일대사慧日大使를 부신으로 모시고 있다.[16]

완도 지역에서 송징을 신으로 모시고 있는 이유는 무엇보다 그가 이 지역과 관련성이 있기 때문이다.[17] 그는 청해진을 중심으로 한 완도 지역에서 활동했는데, 이 과정에서 연을 맺은 지역 주민들이 그를 마을신으로 모셨을 가능성이 높다. 또한 송징이 이 지역에 머물러 있는 동안에 군민을 구휼했다는 점이 결정적인 계기로 작용한 것으로 보인다.

---

16 나경수, 「완도읍 장좌리 당제의 제의구조」, 『호남문화연구』 19, 전남대학교 호남문화연구소, 1990, 34쪽.

17 『朝鮮寶輿勝覽』에 기록된 將島壇에서 이 점을 확인할 수 있다.
고려장사 송징, 송징은 청해에 살면서 장도에서 무술을 닦았는데 지략과 무용을 겸했다. 사후에까지도 영험이 현저하여 주민들이 추모하여 단을 갖추어 제사를 지낸다.

임억령의 송대장군가에서는 송징이 미적유로 불린다 했다. 해로를 통해 운반되던 세미선을 찾아 그 쌀로 완도민을 구휼했다는 얘기다. 지금도 완도 여러 곳에서 송징을 마을신으로 모시고 있는데 대표적인 예가 청해진이 있었던 장좌리 동제이다.[18]

이렇게 보면 송징이 신으로 모셔질 수 있었던 요인은 지역과의 관련성, 그리고 그가 지역민들을 구휼해 주었다는 점을 꼽을 수 있다.

2) 남이

남이(南怡, 1441~1468)는 조선 세조 때의 명장이다. 그는 태종의 외손자로, 죽은 뒤에 '충무공(忠武公)'이라는 시호를 얻었다. 남이는 1457년(세조 3년) 17세의 나이에 무과에 급제하고 이시애의 난 및 여진족 건주위 토벌에 공을 세워 적개공신(敵愾功臣) 1등에 책록되었다. 26세에 병조판서에 전격적으로 기용되었으나 27세에 간신 유자광 일파의 모함을 받아 역적으로 몰려 새남터에서 참수형을 당했다. 현재 유해는 경기도 화성군 비봉면 남전리에 있으며 순조 18년(1818)에 신원이 되었다.

---

18 나경수·나승만·지춘상, 앞의 논문, 238쪽.

서울 용문동의 남이 장군 사당

　　현 시점에서 남이 장군의 신격화 배경을 논하는 일
은 결코 쉽지 않다. 그것은 남이 장군이 용문동 지역에서만 신으
로 모셔져 있기 때문이다. 즉 한 지역의 사례만으로 특징적인 내
용을 언급하기에는 다소 무리가 있다는 것이다. 다만 오늘날까지
전승되고 있는 남이와 관련된 설화,[19] 그리고 용문동 지역의 사례
를 중심으로 하여, 남이가 신으로 모셔질 수 있었던 배경에 대해

---

19 오세길은 남이 장군의 설화를 신이한 출생, 불완전한 수련, 신이한 행적, 억울한 죽음으
　　로 나눠 살펴보았다(오세길, 「남이 장군 설화의 신화적 성격과 민중의식」, 『설화와 역사』, 집
　　문당, 2000, 547~565쪽).

살펴보고자 한다.

　　남이 장군이 신으로 좌정될 수 있었던 중요한 까닭은 지금까지 전승되고 있는 남이와 관련된 설화에서 찾을 수 있는데, 그것은 그의 신이한 행적과 그가 귀신을 볼 줄 알고, 귀신을 쫓는 능력을 지니고 있었다는 점이다.[20] 물론 이러한 능력이 남이가 신으로 모셔질 수 있었던 결정적인 계기가 된 것은 아니다. 그렇지만 남이의 이런 능력이 그가 신으로 좌정될 수 있었던 토대가 된 것만은 사실이다. 남이가 훗날 신으로 모셔질 수 있었던 또 다른 배경은 그가 신이한 출생담을 가지고 있다는 것이다. 이와 관련된 대표적인 설화가 바로 「지네와 남이 장군」[21]이다.

　　남이가 신으로 모셔질 수 있었던 원인 중, 가장 많이 거론되는 부분은 그가 억울하게 죽음을 당했다는 점이다. 남이의 억울한 죽음은 역사적 사실 이외에도[22] 여러 설화에서 엿볼 수 있다.

　　남이가 여덟 살에 서당을 갔다 오다 보리를 찧고 있는 여자를 보

---

20 한 사람이 떡을 가지고 잔칫집으로 가는데 떡에 홍각시가 춤을 추고 있는 것을 남이 장군이 보았다. 남이 장군이 잔칫집으로 가니 홍각시가 신부에게 덤벼들고 있었다. 남이는 홍각시가 도망가지 못하도록 문의 바늘구멍에 창호지를 바르고 홍각시를 잡으러 방으로 들어갔다. 바늘구멍 하나를 마저 바르지 않아 손각시(홍각시)가 거기로 도망갔다(조희웅, 「남이 장군과 홍각시」, 『구비문학대계』 1-4, 1981, 680~681쪽).

21 죽은 지네의 기운이 남씨 부인의 몸으로 들어가 남이가 태어났다는 이야기이다.

22 남이는 26세의 나이에 병조판서에 올랐다. 그러나 유자광 일파의 모함으로 젊은 나이에 남아의 기개를 제대로 펴지 못하고 죽음을 당했다.

고 욕정을 품고 방으로 끌고 가려다 여자가 반항하는 바람에 죽여 버린다. 남이 장군이 출세하여 男兒二十未平國이라는 시를 지어 올렸다. 임금이 이를 未得國으로 읽어 남이를 역적으로 몰아 죽여 버렸다.[23]

남이가 본인의 의사와 관계없이 억울한 누명을 쓰고 죽었다는 것은 그가 훗날 신으로 모셔질 수 있었던 중요한 요인이었다. 즉 그의 억울한 누명을 달래기 위해 민중들은 그를 신으로 모시고 의례를 통해 억울한 누명을 풀어 주었다는 것이다. 여기에 더해 그가 지닌 신이한 능력은 주민들이 그를 신으로 모시게 된 결정적인 계기를 마련해 준 것으로 보인다.

오늘날 남이 장군이 신으로 모셔지고 있는 지역이 용문동에 한정되어 있어 이들 요인이 얼마나 많은 영향을 주었는지는 알 수 없다. 다만 남이 장군 사당이 약 300년 전 용문동에 세워진 이유는 이곳이 남이 장군이 처음 출진出陣할 때 군졸을 뽑아 훈련시킨 곳이며, 장군이 처형된 곳이기 때문이라 전해지고 있다.[24] 그리고 오늘날 남이 장군을 모시고 있는 용문동 주민들이 그를 신으로 모시고 있는 이유는 그가 마을의 재앙을 소멸하고

23 한국정신문화연구원, 『구비문학대계』 1-4, 1981, 273~275쪽.
24 김태곤, 「남이장군 당제 소고」, 『전통문화』 1월호, 전통문화사, 1984, 54~55쪽.

길복吉福을 가져다주는 인물이라고 인식하고 있기 때문이다.[25]

　　　한편, 남이가 신으로 모셔질 수 있었던 또 다른 배경은 그가 매우 용맹하다는 사실과 함께 그가 모든 사람들의 소원을 들어준다는 점에 있다. 전자의 경우는 『남이장군실기』에 남이 장군이 이시애의 난을 정벌할 때 "(그가) 칼을 빼여 적장을 치매 적장의 머리 추풍낙엽ᄀ치 ᄉ더러지는지라."[26]라는 기록에서 엿볼 수 있다. 반면 후자는 홍태한이 「설화와 민간신앙에서의 실존인물의 신격화 과정」에서 언급하고 있는 내용이긴 하나,[27] 출처가 불분명한 연유로 과연 남이가 이러한 성격을 지니고 있는지에 대해서는 보다 많은 고증이 필요하다.

3) 최영

　　　최영崔瑩, 1316~1388은 고려 후기의 무신으로 실존 인물 신 중에서 가장 다양한 형태로 모셔져 있는 인물이다. 최영은 개성 덕물산 인근의 내륙지역, 제주 추자도, 남해안 일대, 그의 출생지라 할 수 있는 충남 홍성군 홍북면 노은리 등에서 마을신으로

---

25 김선풍, 「남이장군대제론」, 『비교민속학』 13, 비교민속학회, 1996, 104쪽.

26 『남이장군실기』, 23쪽.

27 홍태한, 「설화와 민간신앙에서의 실존인물의 신격화 과정」, 『한국민속학보』 3, 한국민속학회, 1994, 43쪽.

모셔져 있다. 그리고 중부 지역에서 활동하는 무당의 몸주로 모셔지고 있는데, 그 이유는 그가 억울하게 죽음을 당한 장군이기 때문이다.

최영을 신으로 모시기 시작한 시기는 정확하게 알 수 없으나, 이중환이 쓴 『택리지』의 기록을 보면 적어도 조선 시기부터 그가 신앙의 대상으로 모셔졌음을 알 수 있다. 그 내용은 아래와 같다.

> 송도 동남쪽 10리 밖에 덕적산이 있는데, 산상에 최영의 祠堂이 있고 祠內에는 塑像이 있다. 그 지방 사람들이 기도하면 영험이 있다고 한다. 지방 사람들이 사당 옆에다 침실을 만들고 민간의 처녀를 두어 사당을 모시게 한다. 그 처녀가 늙고 병들면 다시 젊고 예쁜 사람과 바꿔서 지금까지 삼백 년 동안을 하루같이 그렇게 하고 있다. 그런데 그 처녀가 스스로 말하기를 "밤이 되면 신령이 내려서 교접한다."라고 말한다.[28]

최영을 비롯한 특정 인물이 신으로 좌정되기 위해서는 특별한 영험성을 지녀야 한다. 최영의 경우에도 지역에 따라 그 영험성이 차이가 있지만, 분명한 사실은 그에게 기도를 하면 기도

---

28 이중환, 『택리지』, 이익성 옮김, 을유문화사, 1993, 117쪽.

한 내용이 반드시 이루어진다고 주민들이 믿고 있다는 것이다.

여러 지역에서 최영이 신으로 모셔질 수 있었던 원인은 매우 다양하며, 또한 지역에 따라 많은 차이를 보인다. 서울 마포구 대흥동에서는 어느 때인가 마을에 화재가 빈번한 적이 있었는데, 이 마을 앞을 지나던 도사가 덕물산의 최영을 모시면 예방할 수 있을 것이라 하여 그를 마을신으로 모시게 되었다.[29] 이에 비해 남해군 미조리에서는 최영 장군의 영정과 칼이 마을에 내려온 연유로 그를 마을신으로 모시고 있으며, 통영군 사량면 등에서는 최영이 왜구로부터 마을을 보호했기 때문에 그를 마을신으로 모시고 있다[30]고 한다.

한편, 남해와 통영 지역에서 최영을 마을신으로 모실 수 있었던 배경은 일본과 관련이 있다. 이들 지역은 일본과 가까이에 있어 오래전부터 왜적의 침입이 잦아 마을의 피해가 컸는데, 이 과정에서 마을을 수호할 수 있는 영험한 장군(최영)이 필요했다고 한다.

여러 지역의 사례를 보면 최영 장군은 외부의 침입으로 마을을 보호해 주었거나, 화재 등을 예방할 수 있는 능력을 지닌 연유로 그가 마을의 신으로 모셔졌음을 알 수 있다. 그러나 이런 사례와 달리 추자도에서는 그가 마을에 어망편법을 가르쳐

---

29 국립민속박물관, 『한국의 마을제당 −서울·경기 편−』, 1995, 23쪽.
30 남해군 미조면, 통영군 사량면 등에서 이런 유형의 설화가 전해 오고 있다.

준 것이 계기가 되어[31] 그를 신으로 모시고 있다. 그렇다 하더라도 추자도 지역에서 그가 신앙의 대상으로 모셔질 수 있었던 데에는 추자도 지역과의 관련성에 대한 부분도 결코 배제할 수 없다. 『고려사』 공민왕 23년의 기록에서 이 지역과의 관련성을 확인할 수 있는데, "명 태조에게 보낼 말을 보내지 않는 제주를 토벌하기 위해서 최영을 파견한다."[32]라는 내용이 그것이다.

이상의 내용을 종합해 보면 최영이 신으로 모셔질 수 있었던 배경으로는 억울한 누명을 쓰고 죽은 장군이라는 점[33]과 특정 지역과 밀접한 관련이 있다는 점 이외에, 외부의 침입으로부터 지역을 수호하였다는 점을 꼽을 수 있다.

4) 임경업

임경업林慶業, 1594~1646은 충주 달천에서 태어난 장군이다. 그는 국가를 위해 여러 가지 공을 세웠으나, 역모에 관련된 혐의로 심문을 받다 옥사獄死를 당한 인물이기도 하다.

오늘날 임경업은 내륙과 해안 지역에서 신으로 모셔

---

31 한상복·전경수, 『한국의 낙도민속지』, 집문당, 1992, 421~422쪽.

32 『고려사』 권13 열전 제26, 최영조.

33 최영이 신으로 모셔져 있던 남해군 남면 평산리의 부락에서는 최영 장군당이 60년대 말에 허물어진 적이 있다. 그런데 마을 사람들은 그 당이 허물어진 이유에 대해서 이 마을에 전주 이씨가 많이 살아, 이들이 최영 장군당을 돌보는 일에 신경을 쓰지 않아서라고 한다(하종갑, 『남해안의 민속신앙』, 우석, 1984, 30쪽).

대청도 사탄동의 임경업 장군 무신도

져 있다. 내륙에서 임경업을 신으로 모시고 있는 지역은 크게 두 가지 형태로 나눌 수 있다. 하나는 충주의 충민사처럼 사당에 모셔져 있는 것이고, 다른 하나는 낙안읍성처럼 마을 주민들을 중심으로 행하는 마을제의에서 신으로 모셔져 있는 것이다.[34] 이에

---

34 김효경의 연구에 따르면 내륙지역에서 임경업이 신앙의 대상으로 좌정된 지역은 낙안을 비롯해 파주군 문산읍, 태백시 황지동 등이다(김효경, 「한국 마을신앙의 인물신 연구」, 충남대학교 석사학위논문, 1998, 114쪽).

비해 해안 지역에 보이는 임경업은 주로 연평도를 중심으로 한 서해안 일대에서 신으로 모셔져 있는데, 그 지역은 연평도를 비롯해 대청도와 소청도, 그리고 충청도의 창리 등이다.[35]

　　　　임경업이 내륙과 해안 두 지역에서 신으로 모셔져 있음에도 각 지역마다 그를 신으로 모시게 된 양상은 차이가 있다. 물론 앞서 살펴본 여러 인물과 마찬가지로 그가 신으로 모셔질 수 있었던 데에는 억울하게 죽음을 당했다는 점을 중요한 요인으로 꼽을 수 있다. 그리고 그와 관련된 다양한 설화[36]와 역사적 사실을 놓고 보면, 힘이 세고 담력도 대단해서 나쁜 짓을 하는 양반을 혼내 주고 어려운 사람을 도와주는 의로운 사내지만, 조금은 성급해서 결정적 판단을 잘 못하는 약점을 지닌 인물이었다는 점도 그가 신으로 모셔질 수 있었던 요인으로 보인다. 이 밖에 억울하게 죽었음에도 불구하고, 차후에 신원된 점을 들 수 있다.

　　　　그렇지만 이들 요인보다 크게 작용한 것은 그가 특정 지역과 밀접한 관련이 있으며 지역민들에게 큰 공을 세웠다는 점이다. 이런 사실은 내륙과 해안 지역의 사례를 통해 구체적으

---

35 서해안 지역에서 임경업이 신으로 모셔지고 있는 지역은 주강현의 「서해안 조기잡이와 어업생산풍습」(『역사민속학』 창간호, 1991, 110쪽)을 참고하길 바람.

36 지금까지 임경업 설화는 『구비문학대계』 등 다양한 연구물에 100여 개 이상이 소개되어 있다. 이들 설화를 보면 임경업의 출생담과 관련된 이야기와 어린 시절에 관한 이야기, 김자점에게 죽음을 당하는 이야기, 조기잡이와 관련된 이야기 등이 있다. 이들 설화에서 임경업은 담이 크고 용력이 센 인물이지만 천기를 볼 수 없는 능력으로 인해 그 뜻을 제대로 펼치지 못한 인물로 묘사되어 있다.

로 확인할 수 있다. 내륙인 승주군의 경우에는 그가 이 지역의 군수로 있던 시기에 지역민들을 위해 낙안성을 쌓아 주었기 때문이며,[37] 서해안 일대에서는 어민들에게 조기 잡는 방법을 가르쳐 준 것이 계기가 되었다.

이렇게 본다면 임경업이 신으로 모셔진 배경은 여타 인물신과 비슷함을 알 수 있다. 그중에서도 그가 지역민들의 삶에 크게 공헌했다는 점이 무엇보다 중요하였다. 특히 해안 지역의 경우에는 지역민들에게 조기 잡는 방법을 가르쳐 주어 신으로 모셔지게 된 경우가 많다.

3. 외부에서 온 인물

1) 전횡

전횡田橫, 중국 제나라 시대의 무장은 중국에서 건너온 인물로, 그가 마을신으로 모셔져 있는 지역은 충남 보령군 외연도·녹도, 전북 옥구군 어청도이다. 이들 지역에서 전횡이 신으로 모셔진 연유는 지역에 따라 차이를 보인다. 외연도에는 전횡 장군을 마을 수호신으로 모시고 그를 추모하여 제사를 지냈다는 전설이

---

[37] 그러나 내륙지역에서 그가 신앙의 대상으로 좌정될 수 있었던 이유는 지역에 따라 많은 차이가 있어, 반드시 일치하는 것은 아니다.

전해 오고 있다.[38] 반면 어청도의 경우에는 천 년 전 전횡 장군이 이곳으로 망명을 와서 죽은 후 부하들의 꿈에 나타나 제사를 지내 달라고 한 요구 때문에, 수동묘를 세워 그를 위해 제사를 지낸 것이 시초가 되었다. 이에 대한 자세한 내용은 일제강점기의 신문 자료를 통해 확인할 수 있다.

> 어청도는 당시 백여 호 부락 뒤에 마을 사람들은 도신島神으로 섬기는 '뎐횡田橫대감'의 사당이 있는데 그는 신령스럽기도 하지마는 신의 처사로 보아서는 무한이 점잖하기도 합니다. 그는 보통 섬기는 도신이 아니오 말로末路를 비절참설하게 마친 제왕뎐횡의 신입니다. 오호도(어청도)라는 섬 이름도 이로 말미암 생겼습니다. 전횡의 내력은 약 이천여 년 전에 항우項羽가 西楚覇王 노릇을 할 즈음에 진시황이 폐하얏든 육국제후의 제도를 부활시키겨하자 그는 나도 제왕이어늘 어찌 서초패왕의 부하가 되랴하고 울분함을 참지 못하야 호위장군 오백 명을 데리고 행방업시 길을 떠나 황해에 배를 띄어든 것이 바람을 타 이곳에 표착하게 된 것이다.[39]

한편 김효경은 전횡이 신으로 좌정될 수 있었던 원인을 그가 신으로 모시고 있는 지역들이 주로 군사적 요충지라는

---

38 한상복·전경수, 앞의 책, 169~170쪽.
39 『동아일보』, 도서순례, 고군산도 9, 1928. 7. 1.

점에 착안하여, 군사적인 내용과 관련이 있다[40]고 언급한 바 있다.

이상의 내용을 놓고 보면 전횡이 여러 지역에서 신으로 모셔진 배경은 그가 이들 지역과 관련되어 있다는 점에서 찾을 수 있다. 여기에서 말하는 지역과의 연관성은 그가 이들 지역으로 도망쳐 왔다는 점과 이들 지역이 군사적 요충지라는 점이다. 여기에 전횡이 중국에서 건너 온 인물이라는 점에서 보면, 이들 섬 지역을 개척한 입도조入島祖인 연유로 훗날 도서민島嶼民들이 그를 신으로 모셨을 가능성도 배제할 수 없다.

2) 관우

관우는 중국 삼국시대 촉蜀나라의 무장武將으로 『삼국지연의三國志演義』에 등장하는 전형적인 충신이다. 관우를 신으로 모시고 있는 지역은 우리나라와 중국을 비롯해 동남아의 여러 국가들이다.

관우라는 인물이 신으로 모셔지게 된 연유는 여러 가지 측면에서 고민해 볼 수 있겠지만, 무엇보다 조조와 함께 지내다가 모든 것을 버리고 그의 곁을 떠나게 된 것이 결정적인 계기가 되었다. 일반인들은 관우의 그러한 행동에 감동을 받았고,

---

40 김효경은 이들 지역에 烽燧가 설치되었던 것을 그 사례로 제시하고 있다(김효경, 「한국 마을신앙의 인물신 연구」, 충남대학교 석사학위논문, 1998, 119~120쪽).

그의 사후에 그를 신으로 모시게 된 것이다. 소설『삼국지연의』에 따르면, 관우는 후한後漢 말의 동란기에 탁현涿縣, 河北省 소재에서 유비劉備를 만나, 장비張飛와 함께 의형제를 맺고 평생 그 의를 저버리지 않았다. 하지만 이는 소설에서 창작된 내용으로 역사적 사실은 아니다. 역사 기록을 보면 200년에 유비가 조조曹操에게 패하였을 때, 관우는 조조에게 잡혀 극진한 예우를 받으며 귀순을 종용받았다. 그러나 관우는 조조의 대적大敵 원소袁紹의 부하 안량顔良을 베어 조조에 보답한 다음 유비에게로 돌아갔다. 이때 조조의 부하들이 관우를 추격하였으나 조조는 그들을 만류하였다는 일화가 있다.[41]

　　　중국에서는 충군의 의기를 충만케 함과 동시에 청룡언월도의 위력을 얻고자 관우를 신으로 모시게 되었다는 설이 있다. 또 다른 설에 의하면 봉건예법의 수호신으로 자리를 잡아 시도 때도 없이 일반 백성들에게 나타나 '만약 내 가르침을 받지 않으면 내 칼을 받아라.'하며 대성일갈大聲一喝하자, 백성들은 그것이 두려워 그를 신으로 모셨다고 한다. 이런 점에서 보면 관우의 카리스마적인 성향 때문에 그가 통치자들에게 환대를 받을 수 있었던 것으로 사료된다.[42]

---

41 네이버 백과사전.

42 葛兆光,『도교와 중국문화』, 상해인민출판사, 1987(심발호,『도교와 중국문화』, 동문선, 1993, 396~397쪽 재인용).

본래 중국에서 신으로 모셨던 관우가 우리나라에서 신으로 모셔지기 시작한 시점은 임진왜란 이후일 가능성이 크다. 임진왜란 무렵 관우가 자주 나타나 전쟁을 도왔던 것이 계기가 되어 그를 신으로 모시기 시작한 것으로 보인다. 이에 대한 구체적인 기록은 찾을 수 없지만 다음의 설화(손진태의 『朝鮮民譚集』)에서 그 내용을 확인할 수 있다.

明 萬曆 20년(1592) 일본이 조선에 침략하자 조선은 明에 원군을 요청하였다. 명은 조선에 군사를 파견하여 조선군과 함께 일본군에 대항하여 싸웠다. 萬曆 25년 명군이 서울을 지키는데 일본군이 쳐들어와 쌍방이 서울의 동대문과 남대문 밖에서 대치하고 있었는데 갑자기 關公(관우)이 나타나 적토마를 타고 허공에서 청룡언월도를 한 번 휘둘러 산머리를 치자 동시에 광풍이 일어나 일본군 쪽으로 모래바람이 일고 돌덩이가 휘날렸다. 明나라 군사는 이 광경을 보고 사기가 백배하여 용감히 쳐들어가 마침내 일본군을 격파하고 승리를 거두었다. 이에 명나라 군 장령이 서울에 관공을 위해 사당을 지어 관공이 모습을 드러내어 준 것을 기념하고 감사하고자 하였다.[43]

---

43 孫晉泰의 『朝鮮民譚集』(전인초, 「관우 인물조형과 관제신앙의 조선전래」, 『동방학지』134, 연세대학교 국학연구원, 2006, 325~326쪽 재인용).

성주 관왕묘의 관우

　　이런 일이 있은 후 서울에는 관우를 모시는 사당인
동묘·서묘·남묘·북묘가 생겨났다. 초기에는 왜병倭兵과 명明 원군援
軍이 전쟁을 치룬 곳곳마다 묘단廟壇과 제단祭壇의 사묘가 세워졌
다. 고종 때까지 평양, 경북 성주, 안동, 남원, 강진, 동래, 강화도,
개성 등에 관우와 관련된 유적지가 꾸준히 건립되었다.[44] 이런 영
향으로 관우는 민간에서 신으로 모셔지기 시작했는데, 김효경이

---

44 전인초, 앞의 논문, 325쪽.

확인한 바에 따르면 충북 영동군 영동읍 당곡리, 전남 여천군 남면, 충남 홍성군 홍북면 산수리에서도 관우를 신으로 모셨다고 한다.[45] 오늘날에는 특히 무당들에 의해서도 존숭되고 있다.

4. 기타

앞서 살펴본 인물 이외에도 여러 지역에는 다양한 형태의 실존 인물이 마을신으로 모셔져 있다. 경북 영양군 수비면 신원리에는 어사 박문수,[46] 강원도 주문진에서는 정우복鄭佑福, 전북 고군산도에서는 최치원崔致遠을 각각 신으로 모시고[47] 있다. 이 밖에 순창 지역에서 성황신으로 모시고 있는 고려의 설공검薛公儉,[48] 강화도 지역에서 신으로 모시고 있는 손돌과 단종의 외조부인 권전權專,[49] 순천 지역의 해룡산신으로 모시고 있는 박영규

---

45 김효경, 「한국 마을신앙의 인물신 연구」, 충남대학교 석사학위논문, 1998, 30쪽.

46 영양군 수비면 신원리에는 문수당이라는 당집이 있다. 이 당에는 조선시대 실존 인물 박문수가 신으로 모셔져 있다. 그는 백성들에게 양식(곡식)을 나눠주고 억울한 일도 해결해 주는 등 좋은 일을 많이 하였는데, 주민들은 그 은혜를 기리기 위해 사후에 그를 신으로 모시고 있다.

47 村山智順, 『조선의 귀신』, 김희경 옮김, 동문선, 1990, 142쪽.

48 김갑동, 「고려시대 순창의 지방세력과 성황신앙 ―城隍大神事跡 懸板을 중심으로―」, 『한국사연구』 97, 한국사연구회, 1997, 79~81쪽 참조.

49 김효경, 「한국 마을신앙의 인물신 연구」, 충남대학교 석사학위논문, 1998, 32쪽.

등이 대표적인 실존 인물신이라 할 수 있다.

또한 문인 혹은 행정을 담당하는 관인이 신으로 모셔진 경우도 있다. 이러한 인물신에는 조반趙胖, 1341~1401이 있는데, 그는 고려 말부터 활동한 문신으로 조선 개국 후 2등 공신에 채록되기도 했으며 개국의 사실을 알리기 위해서 이방원을 수행하여 명나라에 파견되기도 하였다. 현재 그는 서울 전농동 부군당의 신으로 좌정되어 있다.

여기에서는 여러 인물신 중에서 정우복과 손돌에 대해 소개하고자 한다.

1) 정우복

강원도 주문진 성황당에는 세 분의 신상神像과 함께 동자상이 모셔져 있다. 이 성황당에는 우리에게 널리 알려진 진이(진녀)라는 여신이 모셔져 있는데, 그 옆에 모셔진 또 다른 인물이 바로 청송靑松 정우복鄭佑福 선생이다.[50]

정우복의 본명은 경세經世이며 본관은 진주이다. 1613년 강릉부사로 와서 학문장려와 선정을 베푼 명신으로 인해 후인들이 흥학비興學碑를 향교에 세우기도 하였다. 『임영지』에

---

50 김선풍, 「한국해양무속의 특징」, 『샤머니즘 연구』 1, 샤머니즘연구학회, 1999, 183~186쪽.

는 "우복사愚伏祠는 강릉 북쪽 퇴곡리에 있었는데 곧 도동사道東祠라 하였다. 우복 정 선생은 광해군 계축년(1613)에 본 강릉부 부사로 재임할 때에 학문을 장려하고 정사를 조화롭게 돌보며 보살폈다."[51]라는 내용이 기록되어 있다.

주문진 지역에서 정우복이라는 인물이 마을신으로 좌정될 수 있었던 첫 번째 요인은 그가 원혼冤魂으로 죽은 진이를 위해 서낭당을 짓도록 하고 그 영혼을 위로케 했기 때문이다. 외래자인 현감의 부정한 강요를 진이가 완강히 저항하여 마찰이 생겼고, 그 원한을 품고 자살한 뒤로 마을에 여러 흉조가 생겨났는데 이 때 정우복이 나서서 이를 원만히 해결한 것이다. 이를 계기로 마을 사람들은 그를 신으로 모셨다.[52]

두 번째 요인은 앞서 언급한 바와 같이 그가 강릉 지역의 문화를 찬란하게 꽃피게 했기 때문이다. 특히 강릉 부사로 재임하면서 학문을 장려하고 정사를 조화롭게 보살폈다는 점이 훗날 정우복이 이 지역에서 마을의 신으로 모셔질 수 있었던 결정적인 계기가 되었다.

이런 내용을 종합해 보면 정우복이 주문진에서 신으로 모셔질 수 있었던 것은 그가 지역사회에 공헌을 했다는 점

---

51 『임영지』祠堂條.

52 장정룡, 「영동지방 인물신화의 내용적 고찰」, 『중앙민속학』 3, 중앙대학교 민속학연구소, 1991, 264쪽.

과 함께, 설화에서 볼 수 있듯이 진이가 죽은 뒤에 이 지역에 풍파風波와 흉어凶漁가 계속된 상황에서 그가 진이의 원한을 풀어 주었기 때문이다. 이런 점에서 정우복이라는 실존 인물신은 다른 인물신과는 조금은 다른 양상을 보인다. 즉 정우복은 원한을 품고 죽은 것이 아니라 다른 사람의 원한을 풀어 주었다는 점에서 여타 실존 인물신과 차이가 있다.

2) 손돌

손돌풍係乭風과 관련 있는 손돌係乭은 강화도 주민들이 음력 10월 20일을 기일로 정하고 매년 진혼제를 지내[53]는 대상이다. 손돌이 실존 인물인지에 대해서는 논란의 여지가 있긴 하나, 강화도 지역에 전해 오는 이야기와 『輿地圖書』의 기록을 보면 손돌이 실존 인물일 가능성이 매우 높다. 『여지도서』에는 손돌에 대해 다음과 같이 기록하고 있다.

고려 공민왕이 몽고병에 쫓기어 海島江華島로 출피出避할 때 고사篙師, 舟師로서 왕을 모시고 갑곶진甲串鎭에서 광성廣城에 이르렀는데 이때 해수가 회유遊回하는 데다가 좌처우격하여 나아갈수록 앞이

---

53 이영수, 「손돌목(係乭項) 傳說의 분석과 現場」, 『비교민속학』 13, 비교민속학회, 1996, 632쪽.

강화도에 있는 손돌의 묘

가려 길이 없는 것 같았으므로 왕은 손돌이 자기를 속여 험지險地에 끌어들인 것으로 생각하여 그를 참수斬首하게 하였다는 것이다. 동료 주인舟人들이 그의 시체를 강변에 매장하였으므로, 이곳을 손돌항이라 부르게 되었으며 손돌의 묘는 광성진 월변 통진경의 언덕 위에 있는데 지금도 분형墳形이 완연宛然하여 이곳을 지나는 사람들이 반드시 제를 드려 무사히 통과하기를 기구祈求한다는 것이다. 그리고 해변인들은 매년 10월 20일에 풍랑이 있을 것을 미리 알고 있는데 이 날이 바로 손돌의 형수일受刑日로 전해 온다는

것이다.[54]

　　강화도 지역에서 손돌이 신으로 모셔질 수 있었던 원인은 그가 원한을 품고 죽은 인물이라는 점과 함께, 죽은 날이면 강한 강풍과 혹한을 몰고 온다는 사고에서 찾을 수 있다. 이런 연유로 마을 주민들은 손돌의 넋을 위로하기 위해 해마다 제사를 지냈다.[55]

　　이 밖에 여러 지역에는 다양한 실존 인물들이 신으로 모셔져 있다. 이들 인물을 자세히 살펴보면 임금과 장군 이외에도 선비(유생)는 물론, 우리에게 잘 알려져 있지 않은 평범한 인물도 있다.[56] 그런데 손돌의 경우처럼 평범한 인물이 신으로 모셔져 있는 사례보다는 우리에게 역사적으로 잘 알려진 인물, 가령 강릉 대관령에 모셔진 김유신과 같이 한 시대를 풍미했거나 높은 지위와 신분을 가진 인물이 마을신으로 모셔진 경우가 많음을 알 수 있다. 이러한 양상에 대해 홍태한은 억울하게 죽음을 당했다가 나중에 신원을 한 김덕령金德齡 장군을 예로 들면서, 김덕

---

54 박광성, 「孫乭項에 대하여」, 『畿甸文化硏究』 9, 인천교육대 기전문화연구소, 1978, 8쪽 번역문 내용.

55 이영수, 앞의 논문, 643쪽.

56 일본에서는 순사, 조선에서 일본으로 건너온 도공 등이 신으로 모셔져 있다.

령은 출신 신분이 미천하기 때문에 민중들에게 숭배의 대상이 될
수 없었다고 단정하였다. 그러면서 그는 민중들이 현실 생활에서
평소 신분에 대해 어떻게 생각하고 있는지를 김덕령 장군이 잘 보
여 주고 있다고 언급하였다.[57]

57 홍태한, 앞의 논문, 49~50쪽.

4장
실존 인물의 신격화 요인

• 실존 인물의 신격화 요인

　　한 시대를 살았던 실존 인물이 특정 지역 내지 특정 종교의 신으로 좌정될 수 있었던 요인을 살펴보기 위해서는 우선 신으로 모셔져 있는 여타 인물신에 대한 검토가 필요하다. 실제로 동서양을 막론하고 실존 인물이 신으로 모셔져 있는 사례는 흔히 볼 수 있다. 우리의 경우는 앞서 소개한 바와 같이 공민왕·신숭겸·최영·남이·단종 등 많은 인물이 신으로 모셔져 있다. 일부 지역에서는 전횡의 경우처럼 내국인이 아닌 중국에서 온 인물이 신으로 모셔져 있는가 하면, 도서 지역에는 마을의 입도조入島祖가 신으로 모셔진 경우도 있다.[1]

1　경남 양산군 일광면 문동리 문동부락에서는 마을에 처음 들어와 정착한 청주 한씨 할머니를 수호신으로 삼고, 그에게 부락의 안녕을 기원한다(하종갑, 『남해안의 민속신앙』, 우석, 1984, 46쪽).

기존 연구를 참고하면 실존 인물이 신격화될 수 있었던 요인에는 여러 인물신에게 보이는 공통점과 함께 각각의 신에게만 나타나는 특징도 있다. 그렇지만 무엇보다 중요한 것은 실존 인물의 삶과 죽음 등이 그 인물이 신으로 모셔질 수 있었던 중요한 요인이라는 점이다. 여기에서는 기존의 연구를 토대로 실존 인물이 어떤 연유로 신으로 모셔질 수 있었는지를 앞 장에서 살펴본 내용을 토대로 보다 구체적으로 살펴보고자 한다.

1. 힘을 지닌 장군

실존 인물신으로 모셔져 있는 인물 중에는 유독 장군이 많이 보인다. 중부 내륙과 해안 지역에 보이는 최영, 서울 용문동에 모셔져 있는 남이 장군이 대표적이다. 그리고 여러 지역의 마을신으로 모셔져 있는 신과 무당의 몸주로 모셔지고 있는 신들 중에는 장군이 많은 비중을 차지하고 있다.

마을 주민들이나 무당이 장군을 신으로 모시고 있는 이유는 여러 측면에서 고민할 수 있겠지만, 무엇보다 장군이 지니는 특징에서 그에 대한 해답을 찾을 수 있다. 이러한 접근에 대해 이부영은 무속신앙에서 유독 장군신이 많이 보이는 것은, 무당들이 용맹스럽고 남성다운 생명력을 지닌 장군의 영을 빌리기 위한 측면이 강하다[2]고 언급한 바 있다.

      그런데 장군의 힘에 의탁하여 스스로 힘을 키우고 자 하는 것은 무당과 같은 개인뿐만 아니라, 여러 사람이 어울려 살고 있는 마을에서도 마찬가지였던 것으로 보인다. 즉 마을 주민들은 외부의 다양한 침입으로부터 마을을 보호해 주기를 장군신께 의탁했던 셈이다. 실제로 강남주는 남해안 여러 지역에서 최영 장군이 신으로 모셔질 수 있었던 요인으로 그가 우리나라 남해안에서 노략질을 일삼던 해적들의 만행을 수차례 물리쳤고, 특히 남쪽의 해적으로부터 해안이나 도서 지역 주민들의 재산을 약탈하는 행위를 막았기 때문으로 보고 있다.[3] 이런 점에서 보더라도 마을을 외부로부터 보호하고 지켜주는 데 있어, 남성다움과 용맹함을 지닌 장군만한 인물이 없다고 해도 과언이 아닐 것이다.[4]

      이러한 장군신의 성격을 잘 보여 주는 굿이 바로 서울 재수굿의 상산거리이다. 상산거리에서 장군신은 원혼의 이미

---

2 이부영은 무당들이 장군의 영(靈)을 모시고 있는 이유는 장군의 장하고 용맹스럽고 남성 다운 생명력이 필요했기 때문으로 보고 있다. 이러한 장군들은 개선의 영광을 누리지 못한 원령들이 대다수인데, 이것은 무당 자신의 마음속에 맺힌 한이기도 하다. (중략) 무당들은 장군을 영혼으로 모시고 그에게서 힘을 빌리고 있으나 사실은 자기 자신 속의 그와 같은 힘을 스스로 키우고 있는 것이다(이부영, 「한국무속관계자료에서 본 현상과 그 치료」, 『대한신경정신의학회지』 7, 대한신경정신의학회, 1968 내용 요약).

3 강남주, 「실존인물의 신격화 과정」, 『비교민속학』 11, 비교민속학회, 1994, 112~113쪽.

4 장군신은 역동적인 힘을 지닌 존재라기보다 강력한 힘을 지닌 신령으로 여겨졌기에 강력한 신앙에의 요구를 장군신의 직능으로 묘사하고 있는 것이다. 장군신은 강력한 힘의 소유자로 인식되었으며, 그 힘이 자신을 온갖 厄으로부터 지켜줄 것을 믿게 한 원동력이었던 것이다(김효경, 「한국 마을신앙의 인물신 연구」, 충남대학교 석사학위논문, 1998, 70쪽).

고양시 대자동에서 열린 최영 장군 위령굿

지보다는 우리 역사를 통해 국가의 기초를 이루고 백성들의 삶을 지켜주는 대상이다. 장군신에게 민중들은 크게는 나라의 안녕과 태평성대, 작게는 한 가정의 평안과 복을 기원한다. 이 굿에서는 한 가정의 차원을 넘어 국가 전체의 안녕을 비는 기원 내용이 나타나는데, 특히 장군신은 국가와 백성들의 삶을 수호하는 힘과 권능을 가진 영웅적 존재로서의 성격이 매우 강하다.[5]

조선 중기에 활동하던 임경업 역시 어린 시절부터 힘이 세고 용감하여, 마을의 청년 중에서 그와 힘으로 대적할 사

---

5   이용범, 「한국 무속의 神觀에 대한 연구 −서울 지역 재수굿을 중심으로−」, 서울대학교 박사학위논문, 2001, 135~136쪽.

람이 없었다고 한다.[6] 그리고 임경업의 이러한 모습은 훗날 그가 신으로 모셔질 수 있었던 중요한 요인으로 작용하였다.

2. 모범적인 삶

실존 인물이 신으로 모셔질 수 있었던 요인 중에서는 그를 신으로 모시고 있는 사람들이 그 인물을 존경의 대상으로 인식하는 것이 무엇보다 중요하다. 특정 인물이 존경을 받을 수 있었던 것은 살아 있는 동안 그가 일반인들에게 보여 준 행동과 관련이 있다. 특히 실존 인물이 일반인들에게 귀감龜鑑이 될 만한 행동을 했다는 점은 훗날 그 인물이 신으로 모셔질 수 있었던 밑거름이 되었을 것이다.

이런 사례는 오늘날 중부 및 남해안 일부 지역에서 마을신으로 모시고 있는 최영을 보더라도 쉽게 알 수 있다. 최영

---

6 한국정신문화연구원, 『구비문학대계』 7-9, 안동군 풍산읍 소산동 김기동 구연(411~413쪽).

임 장군이 열세 살 먹을 때, 그 물 건네서 씨름대회를 붙혔어요. 씨름대회를 붙혔는데, 요새는 머 유다이니, (비고: 이 유다이는 유단자(有段者)를 뜻하는 말 같다. 이들 말은 일정한 수의 사람을 상대하여 이기면 더 이상 경쟁을 붙이지 않고 승자로서 대우하는 놀이 규칙을 뜻한다.) 그는 게 있지마는 그때는 (큰 소리로) 천 명이던지 만 명이던지 들어오는 대로 다 둘머쳐야(두 사람이 맞붙어서 상대를 눕히거나 쓰러뜨려 제압하는 것을 뜻한다.) 이긴단 말이지. 몇 며칠을 했든동, 나이 열세 살 먹어가주고 고만 씨름꾼이라는 건 들오만 다 둘머쳤그던. (본래 소리로) 다 둘머치고, 다 이겼부고 송아지를. 나이 열세 살 먹은 총각이 송아지를 몰고 가이, 그때 거 씨름꾼들이 그 야북(여간) 우악큰(우악한)가요.

장군의 인물상은 수용자에 따라 무용담을 중심으로 한 공로가 강조되거나 청렴결백성을 나타내는 교훈적 이야기로 전개되는데,[7] 이러한 점이 그가 훗날 신으로 모셔지게 된 주요한 요인이 되었다.

낙안과 서해안 일대에서 신으로 모셔진 임경업에게서도 이러한 흔적을 엿볼 수 있다. 임경업이 호환을 당한 처녀를 구해 주었다는 이야기와 그의 아버지가 도적패들을 불쌍히 여겨 남몰래 베풀어 주었다는 설화를 통해 이 점을 확인할 수 있다. 그리고 영월 지역에서 조사된 설화에 마을 주민에게 온갖 행패를 부린 양반의 버릇을 고쳐 주었다는 내용이 있는데, 이를 보더라도 임경업은 불의를 보면 참지 못하는 떳떳하고 용감한 인물임을 알 수 있다.[8] 또한 임경업이 낙안군수로 있던 시절에는 목민관으로 백성들의 사랑을 받았고, 북방을 지킬 때에는 그곳 주민들로부터 부모처럼 받들어지기도 했다.[9]

---

7 최길성, 「한의 상징적 의미 ―崔瑩 장군의 죽음을 중심으로―」, 『비교민속학』 4, 비교민속학회, 1989, 40쪽.

8 한국정신문화연구원, 『구비문학대계』 2-8, 강원도 영월군 영월읍 김진홍 구연 (524~525쪽).

9 인조 2년(1624년) 31세에 이괄(李适)의 난이 일어나자 임경업은 승업(承業), 준업(俊業) 동생과 함께 안현(鞍峴) 싸움에서 공을 세워 가선대부(嘉善大夫)로 승급하였다. 2년 후에는 낙안군수가 되어 백성을 사랑하는 목민관으로 치민에 힘썼다. 1627년 정묘호란이 일어나자 전라병사의 좌영장(左營將)으로 강화(江華)에 출전하였으나 이미 금(金)과 강화가 체결된 뒤였다. 이후 그의 나이 37세에 평양중군이 되어 북방으로 돌아왔다. 이곳으로 돌아온 임경업은 이곳에 살고 있는 백성들과 힘을 합쳐 검산산성(劍山山城) 등을 수축하였고, 이곳 주민들은 그를 부모처럼 받들었다(金義政, 『歷史小說 林將軍傳硏究』,

임경업의 사례를 통해서도 알 수 있듯이 실존 인물이 신으로 모셔질 수 있었던 데에는 그가 민중들에게 호감을 얻는 것이 중요하다. 다시 말하자면 민중들은 그가 보여 준 행동을 통해, 그를 억울하고 힘들게 살아가는 자기네들의 생각과 고민을 표출해 줄 수 있는 적절한 인물로 생각했던 것이다.

민중들의 사고는 어떻게 보면 매우 단순하다. 말 그대로 많은 이익이나 권력을 바라기보다는 먹고사는 문제, 병에 걸리지 않고 한 해 동안 아무 탈 없이 살아갈 수 있는 것이 그들의 가장 큰 바람일지 모른다. 어찌 보면 아무런 힘도 없이 그저 지배층의 명령에 따를 수밖에 없었던 현실에서, 그들의 편에 서서 자신들을 이해해 주는 권력자나 영웅이 그들에겐 수호신이나 다를 바 없었을 것이다.[10]

이는 실존 인물신의 신격화 요인을 이야기할 때 자주 거론되는 내용 중에 하나인 원한을 지닌 인물이 훗날 신으로 모셔졌다는 주장과는 분명 다르다. 비록 원한을 지니고 있지 않아도 살아생전 일반인들에게 모범적인 행동을 보여 준 실존 인물이라면 훗날 신으로 모셔질 수 있었던 것이다. 이 점은 일본에서

솔터, 1992, 14~15쪽).

10 임경업이 군수로 있었던 낙안 지역에는 임경업 군수 선정비(善政碑)가 있다. 이는 군민들이 그들에게 베푼 임경업의 선정(善政)을 기리기 위해 훗날 세운 것이다(순천시, 『樂安邑城』, 순천아세아기획, 1995, 86쪽).

실존 인물신을 언급할 때 등장하는 기억·기념장치라는 기능에서 접근할 수 있다. 다시 말하자면 평소 좋은 모습과 걸출한 업적을 남긴 인물을 기억하기 위해 그를 알고 있던 사람들이 사후에 그를 신으로 모셨다는 것이다. 일본에서는 이러한 신을 '현창신顯彰神'이라 부르는데, 평소 모범적으로 살았거나 걸출傑出한 업적을 남긴 인물이 여기에 속한다.[11]

이런 관점에서 보면 최영과 임경업 역시 그들의 역사적 실체에서 알 수 있듯이 평생을 강직하고 떳떳하게 살아가던 인물이란 이유로, 훗날 신으로 모셔질 수 있었던 것으로 보인다. 다만 평소 존경하던 인물이 원한을 품고 죽었다는 사실은 민중들의 입장에서 볼 때, 크나큰 충격이었을 것이라는 점도 실존 인물의 신격화 요인에서 함께 고려해야 할 사항이다.

---

11 고마쓰 가즈히코, 『일본인은 어떻게 신이 되는가』, 김용의 외 옮김, 민속원, 2005, 14~17쪽.

3. 억울한 죽음과 신원伸冤

1) 억울한 죽음

실존 인물이 신격화될 수 있었던 요인 중에서 가장 많이 언급된 부분이 바로 뛰어난 능력을 지니고 있음에도 불구하고 그 능력을 펼치지 못한 채 누명을 쓰고 억울하게 죽었다는 점이다. 영월 지역에 신으로 모셔진 단종, 덕물산과 남해안 여러 지역에서 신으로 모셔진 최영이 바로 이런 연유로 훗날 신으로 모셔진 인물들이다. 서해안 일대에서 신으로 모시고 있는 임경업 역시 뛰어난 장군임에도 불구하고 시대적 불운과 김자점金自點 등의 모략으로 인해 억울한 죽음을 당하였다.[12]

억울하게 죽은 인물이 훗날 신으로 모셔질 수 있었던 것은 원귀冤鬼의 측면에서 설명할 수 있다. 특히 일반인들은 억울하게 죽은 인물이 저승세계로 가지 못하고 구천을 떠돌며 사람

---

12 역사적 기록을 보면 임경업은 김자점을 위시한 조정 일부에서의 모함과 계략으로 인해 많은 곤욕을 치른다. 그는 명으로 망명을 하기 위해 한강에서 배를 빌려 등주(登州)로 향하던 중 관원에 의해 첩자로 몰려 투옥되는데, 간신히 옥에서 풀려난 뒤에는 명나라 장군 황종예를 도와 다시 요동수복을 계획하였다. 때마침 청군에 의해 북경이 함락되어 청이 중국을 완전히 장악하였고, 국내에서는 심기원(沈器遠)의 역모사건이 일어났다. 심기원은 모진 고문에 못 이겨 임경업 장군이 역모의 관련자임을 허위로 자백하였고, 이에 조정에서는 청의 포로로 잡혀 있던 그를 국내로 송환토록 하였다. 결국 송환된 임경업은 본인이 결백함을 호소했으나 김자점 일파의 혹독한 형문으로 24년(1646) 6월 20일 53세 나이로 운명하였다(金義政, 앞의 책, 16쪽 요약).

들에게 해를 끼치는 것으로 생각하고 있다.[13] 또한 원혼을 가진 귀신은 사람들을 상대로 여러 가지 재액을 초래했는데, 살아 있는 사람들의 입장에서는 그러한 신은 제어制御할 수 없는 대상으로 인식되기도 한다. 따라서 인간은 거칠게 날뛰는 영혼이 불러일으키는 '재액'을 신으로 모셔 진정시키고자 했다.[14] 더욱이 자신들의 우상이 억울하게 죽었다는 사실은 민중들의 입장에서는 용납되지 않았을 것이고, 원한을 풀어주기 위해서라도 민중들은 그러한 인물을 신으로 모셨던 것이다.

민중들은 억울하게 죽은 인물을 선택하여 숭배의 대상으로 정하긴 하나, 그들을 무조건 숭배하지는 않는다. 자신들의 요구에 맞게 속성을 부여하여 숭배를 한다. 이 과정에서는 실존 인물의 모든 면이 영향을 주는 것이 아니라 민중들에게 꼭 필요한 부분만이 영향을 준다. 그리고 어느 정도 시간이 지나 이들의 비범한 능력이 보다 명확해지면 결국 신으로 모셔지게 되는 것이다.[15]

억울하게 죽은 인물이 훗날 신으로 모셔진 사례는 여러 지역에서 엿볼 수 있는데, 여기에서는 동해안 신남리 지역의

---

13 최길성은 최영 장군의 신격화에 대해 무라야마(村山智順)를 언급하면서 '억울하게 죽은 최영 장군의 귀신이 원한을 가지고 노하여 다니면서 채치는 것을 두려워하여 그 영혼을 위로하고자 처녀로 봉사하게 하고 신으로 모시게 된 것'이라 하였다(최길성, 앞의 논문, 55쪽).

14 고마쓰 가즈히코, 앞의 책, 10쪽.

15 홍태한, 「설화와 민간신앙에서의 실존인물의 신격화 과정」, 『한국민속학보』 3, 한국민속학회, 1994, 50쪽.

사례를 소개하고자 한다.

신남리 바닷가에 미역을 따며 사는 한 가난한 어부의 딸이 있었
다. 어느 날 그녀는 灵 바위에 김을 뜨러 떼를 타고 나갔다. 정신
없이 해초를 따다가 그녀는 그만 밀려오는 풍랑에 떼가 떠내려간
줄을 몰랐다. 떼를 잃은 처녀는 울며불며 애타게 구원을 청했으나
누구 하나 구해 주는 사람이 없었다. 마침내 큰 풀알이 덮쳐 그녀
를 끌어가 버리고 말았다. 처녀가 죽은 후 마을에는 이상한 변고
가 자주 생겼다. 처녀의 원혼 때문에 해난사로 사람이 자주 죽고,
고기떼가 몰려오질 않았다. 주민들은 이는 필시 처녀의 원혼이 배
외하고 있기 때문이라 믿고 곧 바닷가 언덕에 재단을 만들고 향나
무에 남자의 신현(성기)을 깎아 걸어놓고 지성을 드렸다. 그런 후에
재앙이 물러가고 풍어가 다시 들었다.[16]

그런데 이 이야기를 통해 실존 인물의 억울한 죽음
은 신이 되기 위한 일종의 통과의례일 가능성이 있음을 엿볼 수
있다. 아울러 실존 인물신의 억울한 죽음에는 개인성을 뛰어넘는
공적인 가치와 의미가 무엇보다 중요하다고 생각된다. 예컨대 중국
의 오자서伍子胥와 관련된 이야기가 기록된 『伍子胥』에 의하면 오

---

16 김선풍, 「한국해양무속의 특징」, 『샤머니즘 연구』 1, 한국샤머니즘학회, 1999, 197쪽.

자서는 여러 차례 오왕吳王에게 간언했다가 촉루검屬鏤劍을 받고 자결한다. 그는 죽음에 임하면서 아들에게 "내 머리를 남문에 매달아 놓으면 월越의 군대가 쳐들어오는 것을 지켜보겠다. 또 내 시신을 북어 가죽으로 싸서 강 속에 던져 놓으면 조석으로 조수를 타고 와서 오吳의 멸망을 지켜보겠다."라고 다짐했다. 그가 죽은 후 해문산海門山에서부터 수백 척 높이의 파도가 밀려왔는데 전당강錢塘江 포구를 넘어서야 그 기세가 수그러들었다. 어떤 사람은 오자서가 백마가 끄는 흰 수레를 타고 그 파도 속에 있는 것을 보았다고도 한다. 그때부터 사람들은 사당을 세워 그에게 제사를 지냈다.

　　　앞서 살펴본 오자서 죽음의 특징은 한마디로 억울함과 비장함이다. 억울한 죽음은 종종 개인적일 수 있지만 그것이 비장함과 결합될 때 그 죽음은 공적인 가치와 의미를 지닌 영웅성을 내포한다. 오자서는 오왕에 의해 처형되지만 오왕에 의해 꺾인 것은 단순한 생명이 아니라 그의 충의였고, 그것은 시대에 대한 올바른 판단이었다. 억울하고 비장한 죽음은 한 시대의 영웅으로 태어나 천하의 패권을 다투다 뜻을 이루지 못하고 류방군劉邦軍에게 포위되어 최후를 마친 황우에게서도 발견된다.[17]

---

17 박지현, 「중국 민간신앙 속에서 神 되기 –『太平廣記』神部 이야기에 나타나는 人物神 분석–」, 『중국학보』 51, 한국중국학회, 2005, 138~139쪽.

단종 내외의 초상화가 걸려 있는 당집

2) 신원伸冤

앞서 특정한 실존 인물이 훗날 신으로 모셔질 수 있었던 요인에는 비운의 죽음을 당했다는 점이 있음을 살펴보았다. 그렇지만 여타 실존 인물이 신으로 모셔지는 과정에서는 훗날 그의 억울한 누명이 씻어졌다는 점 역시 중요하다. 훗날 억울한 누명을 벗어내고 공식적으로 죄를 씻어내는 것을 신원伸冤: 억울하게 뒤집 어쓴 죄를 씻음이라 하는데, 여러 실존 인물이 신으로 모셔지게 된 내력을 자세히 들여다보면 이런 양상을 쉽게 확인할 수 있다. 실제로 김효경은 영월 지역을 중심으로 신으로 모셔진 단종의 경우도 사후에 국가의 공식적인 신원이 있었기 때문에 이들 지역에서 신으로 모셔질 수 있었다[18]고 언급한 바 있다.

임경업 역시 역사적 기록과 전해 오는 이야기를 정리하면, 그가 억울한 누명을 쓰고 죽은 인물이라는 사실이 훗날 공식적으로 인정되었다는 점이 그를 신으로 모시는 과정에서 매우 중요했음을 알 수 있다. 임경업의 사후에 그의 죽음에 대해 다양한 논의가 있었고, 결국 숙종 때 전교傳敎를 내려 임경업의 관직을 회복시키고 사제賜祭하도록 한 것이 결정적인 계기가 되었다는 것이다. 그 일이 있은 뒤로 그에게는 사후 61년 만에 '충민忠愍'이라는 시호가 내려졌다. 이 점이 임경업을 신으로 모실 수 있었던 결정적인 계기가 되었는데, 숙종 때의 기록에는 이러한 내용이 자세히 언급되어 있다.

임경업이 심기원의 역적모의에 관련되었다는 것이 비록 당시 여러 역적들의 공초供招에서 나왔으나, 그가 이미 자복을 하지 않고 죽었고, 인조 대왕仁祖大王께서도 그가 원통함을 품은 것을 민망하게 여긴 성교聖敎가 계셨는데, 그것은 조정에서 평일의 공로를 깊이 생각하여 그가 죽은 뒤에 누명을 씻어 주도록 특별히 허락한 것이었

---

18 김효경, 「단종의 신격화 과정과 그 의미」, 『민속학연구』 5, 국립민속박물관, 1998.

으니, 참으로 성대한 덕德으로 이루어진 일입니다. 그리고 도망하여 중국으로 들어간 한 부분에 이르러서는 대체로 임경업이 스스로 그의 재능이 때를 만나지 못했다고 여겨 천하天下에 한번 펴보려고 한 것이었으며, 또 우리나라의 치욕을 씻고 정의를 유지시키려고 하였던 것이지, 오로지 살기를 탐하거나 죽음을 두려워한 데서 나온 것은 아닌 듯합니다.[19]

　　위에서 소개한 단종과 임경업의 사례에서 알 수 있듯이 국가적 차원에서 그들의 억울한 죽음을 인정해 줌으로 인해 민중들은 그를 본격적으로 신으로 모실 수 있게 되었다. 남이·최영 등도 이 같은 연유로 훗날 신으로 모셔졌다.[20]

---

19 『肅宗實錄』 숙종 31.
20 주강현, 「서해안 조기잡이와 어업생산풍습」, 『역사민속학』 1, 역사민속학회, 1991, 102쪽.

4. 뛰어난 영험성

실존 인물이 신으로 좌정되기 위해서는 특정 부분에서 뛰어난 영험성을 지니고 있어야 한다. 이는 인물신의 영웅적인 성격과 일치하는 것으로, 신앙민들에게는 인물신의 영험성이 반드시 필요하기 때문에 그를 신으로 모시게 되는 것이다.

실존 인물신이 지니고 있는 영험성은 개개의 신들에 따라 조금씩 차이가 있다. 중국의 경우는 실존 인물신이 자신을 모독하는 사람에게 벌을 내리거나 혹은 그와 반대의 경우엔 상을 내리기도 한다. 또한 전쟁이나 각종 재해—수해, 가뭄, 화재, 전염병 등—로부터 사람들의 생명을 구해 주기도 한다.[21] 중국의 실존 인물신에게 볼 수 있는 특징 중 하나는 전쟁이나 각종 재해로부터 사람들의 생명을 구해 주는 것이다. 이러한 예는 신으로 모셔진 이빙과 장자문 등에서 찾을 수 있다. 먼저 이빙은 소로 변한 강신과의 싸움에서 승리한 후 홍수를 막아주는 신으로 등극한 인물이다. 그의 사당 남쪽에는 수천 가구가 있었는데, 낮은 지세지만 심한 가을장마에도 사람들은 다른 곳으로 옮겨 가지 않았다. 그리고 장자문은 오나라 때 3번이나 백성들을 압박한 끝에, 그의 사당이 세워지고 장산의 주인으로 봉해진 후 다양한 형태의

---

21 박지현, 앞의 논문, 137~148쪽.

영험함을 보여 주었다. 그 후 양梁나라에 이르러서도 그 신통력을 잃지 않고, 가뭄에 비를 내리거나 북위北魏가 침입했을 때 갑자기 강물을 불게 하여 북위 군대를 대파하였다. 양梁의 군대가 개선한 후 보니 장제신蔣帝神 사당에 있는 인마상人馬像의 발이 모두 축축이 젖어 있었다[22]고 한다.

　　　　　우리나라의 경우도 실존 인물신이 지닌 영험성은 여러 형태로 나타난다. 영월 등에서 신으로 모시고 있는 단종도 여러 가지 영험성을 지니고 있는데, 그중에서도 특히 비를 내리게 하는 능력을 꼽을 수 있다. 남효온(1454~1492)의 『추강냉화』에 "단종이 매양 밝은 새벽에 대청에 나와서 곤룡포를 입고 걸상에 손수 앉아 있으면 보는 자가 일어나 공경하지 않는 이가 없었다. 경내가 가물 때 향을 피워 빌면 비가 쏟아졌다."[23]라는 기록에서 이를 확인할 수 있다. 충북 단양군 대잠면 성금리 사례를 보면 단종은 길흉吉凶을 알려 주는 능력도 지니고 있었던 것으로 보인다.

　충북 단양군 대잠면 성금리는 전형적인 농촌인데 언젠가부터 여

---

22 위의 논문, 149쪽.
23 이긍익, 『국역 연려실기술』, 민족문화추진위원회, 1966, 404쪽.
　　물론 이 기록은 단종이 민간 차원에서 신으로 모셔지기 이전의 내용이다. 그러나 조선 시기 여러 문헌(『丙子綠』, 『前火迹冊』, 『松窩雜記』 등)에는 단종과 기우가 매우 밀접한 관련이 있음이 기록되어 있다(김효경, 「단종의 신격화 과정과 그 의미」, 『민속학연구』 5, 국립 민속박물관, 273쪽 각주 28).

러 재앙에 시달렸다. 농사를 망치고 돌림병이 도는 것은 물론, 호환이나 화재 피해도 빈번히 입었다. 이때 마을에 시주를 나온 스님이 "마을 입구에 있는 산이 칼 모습이기 때문에 재앙이 끊이지 않으니 서둘러 마을 입구에다 성황당을 짓고 무당을 데려다 단종대왕의 혼을 모셔 놓고 굿을 하면 재앙을 막을 수 있다."라고 일러 주었다. 이에 마을 사람들이 스님의 말대로 하니 재앙이 다시는 없었다고 한다.[24]

이 지역에서 볼 수 있는 위와 같은 능력은 영월 지역에서도 나타난다. 또한 단종신은 대사大事를 앞둔 지역민들에게 길흉을 알려 주기도 한다. 이런 이유로 지역민들은 무서운 질병에 걸렸을 때 단종신께 빌어 치료를 하며, 마을의 풍년을 위해 그에게 제사를 올린다.[25]

이 밖에 실존 인물이 신으로 모셔질 수 있던 데에는 신앙민의 의지도 중요하지만, 신령神靈의 요구도 간과할 수 없다. 즉 신령이 자신의 의지에 의해 신앙의 대상으로 등장하는 것이다.

---

24 한국문화예술진흥원, 『한국의 축제』, 1987, 50쪽 葛川별신굿의 내용 요약(김효경, 「단종의 신격화 과정과 그 의미」, 『민속학연구』 5, 국립민속박물관, 1998, 283쪽 재인용).

25 최명환, 「단종전설이 지니는 신화적 성격」, 『영월지방 민속신앙과 서낭당조사』, 영월문화원, 2002, 222쪽.

대개 그가 자신이 원하는 장소를 지정하고 그곳에서 일정한 능력을 과시한 후 일정한 조건을 내세워서 신으로 모셔진다. 이런 경우 신령은 자신이 강한 권능의 소유자임을 인식시킬 만한 일련의 사건을 일으킨다. 가령 자신의 유품을 남겨 놓는다든지, 그렇지 않으면 노인의 꿈에 나타나 본인의 의지를 전달한다.[26] 연평도 지역에서 신으로 모셔진 임경업이 대표적인 사례인데, 그는 평소 연평도 지역에 묻히길 원했었다.

> 임 장군이 중국 갈라고 배를 타고 선원들이 중국 가기 싫으니까 물도 쌀도 버리고서 임 장군에게 물도 쌀도 없다고 했다. 그러자 임 장군은 연평도를 가다가 물을 실으라고 하니까 물이 민물이 되었거든. 그리고 안목에 그물을 치는데 가시나무를 꺾어 놓으라고 하니까 물이 쓰자 조기가 가시마다 걸렸다. 그렇게 하다가 연평도를 보니까 산이 좋거든. 산이 좋으니까 부하들에게 나 죽거든 여기다가 나를 쉬게 해달라고 했대. 그래서 그를 여기에 모셨지.[27]

임경업과 같은 사례는 비단 우리나라에서만 볼 수 있는 것은 아니다. 일본에서도 이러한 양상이 두드러지는데, 도쿠가와 이에야스德川家康가 대표적인 경우이다.

---

26 김효경, 「한국 마을신앙의 인물신 연구」, 충남대학교 석사학위논문, 1998, 72~73쪽.
27 박○문(남·70), 2006. 3. 18. 현지 조사.

이에야스는 죽기 직전에 머리맡으로 혼다 마사즈미本多正純, 난젠지 고친인南禪寺金地院 스텐崇伝, 천태종의 난코보南光坊 덴카이天海를 불러서 "만약 내가 죽었을 때에는 유해는 구노산久能山에 매장하고 장례식은 시바芝의 조조지增上寺에서 거행하고, 위패는 미카와三河의 다이주지大樹寺에 모시고 1주기가 지나면 닛코에 작은 당을 세우고 나를 모셔라. 그렇게 하면 관동의 수호신이 될 것이다."라고 유언했다고 한다. 이에야스는 생전에 한번도 닛코에 발을 내디딘 적은 없었다. 그럼에도 불구하고 닛코에 자신을 신으로 모실 때에는 그 분령分靈을 닛코에 모실 것을 지시한 것이기 때문에, 그가 닛코를 특별히 생각하고 있었던 것이 분명하다. 간토關東에는 닛코산이라는 전통 있는 성지가 있다는 것을 이에야스에게 평소에 강조하고 있던 사람은 유언의 자리에도 배석했던 덴카이였다.[28]

　　　　물론 일본에서 도쿠가와 이에야스에게만 이런 양상이 나타나는 것은 아니다. 우리에게 잘 알려진 도요토미 히데요시도 유사한 과정을 통해 신사에 모셔져 있다. 그는 죽은 후 신으로 모셔지기를 원했는데, 이러한 그의 뜻을 받들어서 도요쿠니 신사나 도쇼구 신사가 건립된 것이다.[29] 그리고 아테네의 전설에 따르면 오이디푸스 역시 자신이 묻힐 장소를 지정했다고 한다. "나는

---

28 고마쓰 가즈히코, 앞의 책, 167~168쪽.
29 위의 책, 17쪽.

일본 오사카의 신사에 세워진 도요토미 히데요시 동상

죽어서도 이 나라의 쓸모없는 주민이 되지 않을 것이다. 나는 그대
들을 적으로부터 지켜줄 것이다. 나는 그대들을 위해 수백만 명의
전사들보다 더 강한 성채가 될 것이다."[30]라는 내용이 그것이다.

---

30 퓌스텔 드 쿨랑주, 『고대도시 −그리스·로마의 신앙, 법, 제도에 대한 연구−』, 김응종 옮
김, 아카넷, 2000, 206쪽.

한 시대를 살았던 실존 인물이 죽은 후 특정 지역의 신으로 모셔지길 원했던 이유는, 죽은 사람이 산 사람들에 갖는 가장 큰 욕구 중에 하나로, 바로 죽은 후에도 다른 사람들이 자기를 기억해 주기를 바랐기 때문이다. 이는 곧 자신의 존재를 죽어서까지 남기고 싶은 인간의 마음과 관련이 있는데, 특히 인간은 죽은 뒤에 잡귀잡신이 되지 않기를 간절히 원했다.[31]

지금까지 살펴본 내용을 종합해 보면 여타의 인물신과 달리 실존 인물이 사후에 신으로 모셔질 수 있었던 요인으로는 억울한 누명을 쓰고 죽은 장군이라는 점, 그가 평소 모범된 행동을 살았고, 살아생전에 특정 지역에 공헌한 업적이 후대 사람들에 공감을 얻었다는 점 등을 꼽을 수 있다. 여기에 실존 인물신의 의지도 적지 않은 영향을 준 것으로 보인다.

이러한 여러 요인 중에서도 필자는 실존 인물신이 민중들에게 공감을 얻었다는 점이 무엇보다 중요하다고 생각한다. 민중들의 공감을 얻지 못한다면 결코 신으로 모셔질 수 없기 때문이다. 이런 연유로 민중들은 수많은 인물 중에서도 그들의 삶과 조금 더 밀접하고, 한평생을 정직하고 떳떳하게 산 인물을 신으로 모시고자 했던 것이다. 조흥윤 역시 역사적 인물이 신으로 좌정되기 위해서는 사회적 공감대가 무엇보다도 필요하다는 점을 강조하

---

31 이용범, 앞의 논문, 128쪽.

고 있다. 그러면서 그는 한 인간의 명성은 무릇 민중의 이해와 애
착에 기반을 두지 않으면 얻기 힘든 것으로 보았다.[32]

---

32 조흥윤, 『한국의 무』, 정음사, 1993, 98쪽.

5장
실존 인물신의 신격화 과정
: 연평도에 모셔진 임경업 신 사례

• 실존 인물신의 신격화 과정
: 연평도에 모셔진 임경업 신 사례

       실존 인물의 신격화 과정은 지역과 인물에 따라 조금씩 차이를 보인다. 이런 사실을 반영하듯 실존 인물신의 신격화 과정에 대해 언급하고 있는 연구자들 역시 연구자마다 조금씩 다른 견해를 피력하고 있다. 홍태한은 실존 인물신의 신격화를 민중(신앙민)의 입장에서 정리하고 있는데, 그는 '민중의 선택→자신들에게 필요한 성격을 부여→인물의 이인과 영웅으로 변모'의 단계를 거쳐 실존 인물이 신격화된 것으로 보고 있다.[1] 반면 김효경

---

[1] 첫 번째 단계는 민중들의 의식과 일치하는 인물들이 민중에게 수용되는 과정이다. 두 번째 단계는 자신들이 택한 인물에 속성을 부여하는 과정이다. 속성을 부여한다는 의미는 인물들이 원래 가지고 있던 성격 중에서 자신들에게 가장 필요한 성격만을 강조하여 그 인물의 성격으로 부여한다는 뜻이다. 세 번째 단계는 이러한 인물들을 이인과 영웅으로 변모시키는 과정이다. 임경업과 남이 장군 모두가 비범한 능력을 가진 소유자로 이야기 속에 전승되고 있다는 사실은 임경업 장군과 남이 장군의 이인적인 모습과 영웅적인 모습을 함께 보여 주기 위한 것이다(홍태한, 「설화와 민간신앙에서의 실존인물의 신격화 과

은 인물신 단종을 연구하면서, 단종의 신격화 과정을 크게 신격화의 토대(유배시기), 신령으로 정립(치제 이후 비밀리에 치제), 치제 이후 숭배 지역 양상(지역에 뿌리를 내리고 확산되는 시기)[2]으로 보고 있다.

두 연구자가 주장하는 내용을 보면 실존 인물의 신격화 과정에서는 민중들에게 특정 인물이 신으로 수용·선택되는 단계를 반드시 거쳐야 함을 알 수 있다. 이 과정을 거치면 선택·수용된 실존 인물이 신으로 형성되는 것이고, 이렇게 형성된 신은 지역사회(신앙민들)에서 확고하게 정립定立되는 과정을 거치게 되는 것이다.

이러한 일련의 과정은 개별 인물신에 따라 조금은 차이가 있을 수 있다. 그렇지만 특정 인물이 신으로 형성되는 과정은 위에서 언급한 세 가지 단계를 반드시 거친 뒤, 오늘날과 같이 온전한 형태의 신앙으로 정립되는 것이다. 이 과정에서는 특히 그 인물을 신으로 모시는 것에 대한 구성원들의 합의가 무엇보다 중요하다.

여기에서는 임경업의 신격화 과정을 통해 실존 인물이 어떤 과정을 거쳐 지역의 신으로 좌정되어 오늘날까지 이어져 오고 있는지를 알아보고자 한다. 기존 연구자들의 논의를 토대로

정」, 『한국민속학보』 3, 한국민속학회, 1994, 44~47쪽).

2 김효경, 「단종의 신격화 과정과 그 의미」, 『민속학연구』 5, 국립민속박물관, 1998, 263쪽.

임경업이 연평도 지역에서 선택·수용되어 오늘날까지 모셔지고 있는 일련의 과정을 크게 선택과 수용, 형성, 정립 단계로 나눠 각각에 해당되는 내용을 구체적으로 살펴볼 것이다.

1. 임경업 신격의 선택과 수용

실존 인물이 지역의 신으로 모셔질 수 있었던 첫 번째 단계는 신격으로 자격을 갖춘 인물을 지역민이 선택하고 수용하는 과정이다. 이 단계는 지역과 인물에 따라 차이가 있을 수 있지만, 실존 인물이 신으로 모셔지는 데 있어 매우 중요한 과정이다.

오늘날 연평도를 중심으로 서해안 여러 지역에서 모셔지고 있는 임경업이 연평도 지역에서 마을신으로 선택·수용될 수 있었던 것은, 연평도 주민들이 그의 신격을 필요로 했기 때문이다. 물론 신격화 과정에서는 특정 개인이나 집단의 생각과 의지도 크게 좌우할 수 있겠지만, 이 과정에서는 무엇보다 연평도 주민들이 임경업을 신으로 모시고자 하는 내용에 대해 합의를 이끌어 내는 일이 중요하였다.[3]

---

3 김효경은 인물신이 신앙민의 어떠한 의지를 반영하고 있는가를 인물들이 신격화되고 있는 사회적 공감대를 통해서 파악될 수 있는 것으로 언급하면서, 수많은 인물 중 일부의 인물만이 선택되는 데는 그러한 사회적 공감대가 우선적으로 작용했기에 가능한 것으로 보았다(김효경, 「한국 마을신앙의 인물신 연구」, 충남대학교 석사학위논문, 1998, 79쪽).

현 시점에서 임경업이라는 인물이 연평도 지역의 마을신으로 선택·수용될 수 있었던 요인은 다양한 측면에서 고민해볼 수 있다. 그렇지만 연평도 지역민들의 입장에서 어떤 연유로 임경업이라는 인물을 신격의 대상으로 선택하고 수용했는지에 대한 고민이 있어야 할 것이다. 여기에서는 이 점에 착안하여 무슨 연유로 연평도 주민들이 임경업을 신으로 선택·수용했는지를 알아보고자 한다.

1) 연평도 지역과의 연관성

실존 인물이 특정 지역의 마을신으로 선택·수용되는 과정에서는 특정 인물과 지역이 상호 긴밀한 관계를 갖고 있어야 한다. 오늘날 각 지역에서 마을신으로 모셔지고 있는 여러 인물신의 사례를 통해서도 이를 쉽게 확인할 수 있다.

임경업 신앙의 발생지인 연평도는 오늘날 인천광역시 옹진군에 속한 섬이다. 고려 5도양계 시대에는 서해도西海島에 소속되었으며, 조선조에는 태종 13(1413)에 8도제를 실시하면서 해주목海州牧에 속하였다.[4] 연평도는 오늘날 백령도, 대·소청도 등과 함께 서해 5도에 포함된 곳으로 인천에서 서북쪽 약 600리 지

---

4 인천광역시옹진군, 『옹진군지향리지』, 예일문화사, 1996, 209쪽.

연평도 전경

점(북위 37° 30′, 동경 125° 30′)인 휴전선에 접근한 해상의 고도孤島이다. 대연평도 및 소연평도를 중심으로 당섬·모이도·용이섬·석도·갈도·광석섬·강개섬 등 여러 개의 작은 섬으로 이룬 군도群島이며, 그 면적이 47㎢에 달한다. 보통 연평도라고 하면 대연평도를 말하는데 해방 전에 연평도는 황해도 벽성군碧城郡 송림면松林面에 속해 있었다.[5] 이곳에 사람이 살기 시작한 시점은 정확히 알 수 없지만, 근래 이 지역에서 패총이 발굴된 것을 볼 때 오래전부터 사람이

---

5 이양숙, 「연평도근해의 조기 어업」, 『錄友研究論集』 9, 이화여자대 사회과학과, 1967, 181쪽.

거주해 있었던 것으로 보인다.[6]

　　　　임경업과 연평도 지역과의 관련성은 역사적 기록보
다는 오늘날 서해안 일대에 전해 오는 설화를 통해 구체적으로
확인할 수 있다. 전해지는 지역에 따라 설화의 내용이 차이를 보
이긴 하나, '임경업이 병사들과 함께 배를 타고 중국을 가는 길에
연평도 근처에 왔을 무렵, 식량과 물이 떨어지게 되었다. 임경업이
병사들로 하여금 가시나무를 꺾어 오게 하여 바다에 빠뜨리자
조기가 나무 가시에 걸려 올라왔다'[7]는 내용이 주요 골자이다.

　　　　임경업이라는 인물이 연평도 지역과 관련성이 있다
는 사실은 역사 기록에서도 확인된다. 『인조실록』에 "임경업이 중
국을 가기 위해 경강京江에 이르러 배 한 척을 빌려 계미癸未년 26일
에 마포에서 출발하여 해서海西를 통해 바다로 들어갔다."[8]는 기
록이 있는 걸로 보아, 임경업이 연평도를 지나갔을 가능성에 대해
추정해 볼 수 있다. 이러한 가능성에 대해 소인호는 다음과 같이

6　연평도의 까치산에서 패총이 발견되었다. 이 패총은 두 개의 층으로 구분되어 있는데,
　하나의 층은 중서부 1기이고 다른 하나의 층은 중서부 3기에 해당되는 것이다(김은영,
　「신석기 시대 연평도 지역의 생계·주거체계연구」, 서울대학교 석사학위논문, 2006, 80쪽).

7　인조 때 임 장군이 청나라에 볼모로 잡혀 있는 세자를 구하러 갈 때 정적(政敵)과 청국
　에 비밀이 누설되지 않게 하기 위하여 물상객주(物商客主)로 가장하고 간 때가 있었다.
　황해도 예성강 하류 벽란도 포구에서 마포로 쌀을 싣고 가는 상매선(商買船)에 편승해
　청지풀에 당도하여 신분을 밝히고 도사공을 장검으로 위협하여 뱃머리를 돌려 항해하
　게 되자, 명나라로 가면 꼼짝없이 죽으리라 생각한 선원들이 식수와 부식을 몰래 바다
　에 버리고 먹을 것이 없어 항해할 수 없다고 하였다(옹진군지편찬위원회, 『옹진군지』, 1989,
　216쪽).

8　『仁祖實錄』 인조 24년.

구체적으로 언급한바 있다.

> 그(임경업)가 1643년 5월 26일 배 한 척과 사공승려 등을 대동하고
> 상선을 가장하여 서울 마포를 출발하여 항해를 거쳐 중국 濟南府
> 의 海風島로 건너갔다는 사실이 바로 그것이다. 그리고 지리적으
> 로 연평도는 중국으로 통하는 항로의 중간 기착지였다는 점에서
> 사건의 발생지로서 가장 적합한 조건을 갖추고 있다. 이 같은 개연
> 성을 일차적인 근거로 삼아 임경업의 탁월한 지혜와 주술적 능력
> 이 부가되고 그것이 다시 연평도의 조기잡이 풍속과 자연스럽게
> 연결되면서 독특한 지역 전설로 정착되었던 것이다. 그리고 임경
> 업의 억울한 죽음에 대한 위령의 기능과 어민들의 현실적 욕망 등
> 이 중첩·투사됨에 따라, 그의 신적 영험을 강조한 임 장군 사당의
> 영험담이 추가되거나 중국에서의 후일담이 부연되는 등의 확장
> 변이가 이루어지기도 한다.[9]

      이를 보여 주듯 오늘날 연평도 지역에는 임경업과
관련된 흔적이 여러 곳에 남아 있다. 그중 하나가 연평도의 '대나
루터'라는 포구이다. 이곳은 300여 년 전인 병자호란 때 임경업
장군이 중국으로 피신하는 과정에서 배를 대고 머물렀던 곳이기

---

9 소인호, 「서해안 지역 설화의 특성 연구 −인천광역시의 구비전설을 중심으로−」, 『구비
문학연구』 10, 한국구비문학회, 2000, 106쪽.

도 한데, 그때 임 장군이 그 부근을 산책하다가 낭까리 봉밑의 큰 암벽을 발견하고 거기에 큰 붓글씨를 썼다는 사실이 문헌에 기록되어 있다. 1929년에 발간된『全 鮮名勝古蹟』황해도 편에 "延坪島 石崖有大墨字하니 林慶業이 乘船逃入中原日에 有書云"[10]이라는 내용이 그것이다.

2) 지역사회에 공헌

앞서 살펴보았듯이 임경업이 연평도 지역의 마을신으로 수용·선택될 수 있었던 것은 지역사회와의 연관성이 무엇보다 중요했음을 알 수 있다. 하지만 임경업이 연평도 지역과 직간접적으로 관련성이 있다는 이유만으로 그가 이 지역에서 신으로 모셔질 수 있었던 것은 아니다. 여기에는 그가 지역사회에 많은 업적을 남겼다는 점이 크게 작용했던 것으로 보이는데, 여타의 실존 인물이 마을에 모셔져 있는 사례를 보면 이 점 역시 결코 무시할 수 없는 이유임을 쉽게 알 수 있다. 앞서 살펴본 강원도 주문진에서 신으로 모시고 있는 정우복이 대표적인 사례이다. 그는 강릉 부사로 와서 학문장려와 선정을 베풀었을 뿐만 아니라 원혼冤

---

10 옹진군지편찬위원회, 앞의 책, 230~231쪽.
　　『海州邑誌』에는 '延坪島 石崖有大墨字林慶業乘船逃入中原日留書云'이라 기록되어 있다(『韓國近代邑誌』全 64冊, 韓國人文科學院, 1991, 80쪽).

魂으로 죽은 진이(진녀) 서낭당을 지어 그의 영혼을 위로케 하였다.

실존 인물이 특정 지역과 관련성을 가지고 있다는 점과 함께 그가 지역사회에 큰 공헌을 했다는 사실이 신격화 과정에서 중요한 영향을 미칠 수 있었던 까닭은 신앙을 영위하고 전승시켜 나가는 주체가 바로 지역민이기 때문이다. 더불어 실존 인물이 지니고 있는 영험성이 지역민들의 삶에 있어 반드시 필요했다는 점도 실존 인물이 특정 지역에서 신으로 선택·수용될 수 있었던 중요한 요인이었다.

임경업이 연평도 지역에 미친 업적은 바로 이 지역의 조기 어업을 개척하였다는 점이다.

병자호란 때 청나라는 임경업이 두려워서 북방의 육로로 쳐들어오지 않고 서해로 쳐들어와 마침내 조선의 항복을 받았다. 그리고 세자대군을 비롯한 수많은 사람을 볼모로 잡아서 자기 나라로 데려갔다. 임경업 장군은 복수를 하기 위해서 중국으로 가는데 같이 가던 사람들이 중국에 가면 죽을까봐 음식과 물을 모두 버리고 임 장군에게 먹을 물과 음식이 없다고 하였다. 그러니까 임 장군이 명령을 해서 바다 한가운데서 물을 퍼 올리는데 아주 싱싱한 물이 나왔다. 그리고 사람들을 시켜서 가시나무를 꺾어 오라고 하여 그 나무를 빙 둘러 바다에 꽂으니 가시마다 조기가 걸려 나와 그것으로 반찬을 했다. 그 이후로 연평도에서 조기잡이를 처음

과거 조기잡이 어선조형물

으로 시작했다. 그래서 연평도에서 고기잡이를 나갈 때에는 언제
나 임 장군에게 제를 지낸다.[11]

　　　　　위의 설화에서 알 수 있듯이 병자호란 무렵, 임경업
과 함께 중국을 가던 병사들이 중국 가는 것을 두려워하여 배에
있던 음식과 물을 바다에 버린 탓에 먹을 것이 없었다. 이때 임경
업이 바닷물을 퍼 올리자 싱싱한 물食木이 되었고, 가시나무를 꺾

---

11 이윤석, 『임경업전 연구』, 정음사, 1985, 64~65쪽.

어다 바다에 꽂으니 조기가 걸려 나왔다. 이 일이 있은 뒤로 연평도에서 조기잡이가 시작되었으며, 연평도 주민들은 조기잡이를 나갈 때면 탁월한 능력을 지닌 임경업에게 제를 지냈다.

임경업이 연평도 지역의 조기 어업을 개척했다는 점은 지역민의 입장에서 볼 때, 그가 무척 고마운 존재이며 대단한 영웅이었음을 알 수 있다. 특히 연평도 지역의 조기 어업을 개척한 일은 어업을 중요시하던 연평도 지역민들에게는 매우 큰 업적이었다.

서해안 일대에 보이는 임경업 관련 설화들 대부분이 조기 어업의 개척이 주요 내용이지만, 이와 함께 자주 등장하는 것이 '임경업이 바닷물을 퍼 올리자 식수가 되었다'는 이야기이다. 이 내용을 보면 임경업이 이 지역의 식수 문제를 해결해 주었을 가능성도 결코 배제할 수 없다. 연평도 지역이 도서 지역이라는 점에서 볼 때 식수 문제 해결은 매우 중요하였다.[12]

결국 연평도 지역의 조기 어업을 개척해 주었을 뿐만 아니라 여러 가지 문제를 해결해 준 임경업은 연평도 지역민들에게 많은 공감대를 얻을 수 있었다. 이 점이 임경업이 신격으로 선택·수용되는 과정에서, 억울하게 죽음을 당했다는 점보다 더욱 중요하게 작용했을 것이다.

---

12 서종원, 「서해안 지역 인물신 임경업의 신격화 배경」, 『민속학연구』 20, 국립민속박물관, 2007, 107쪽.

3) 어민과의 밀접한 교류

임경업 신격이 연평도 지역민들에게 선택·수용될 수 있었던 요인 가운데는 임경업이 어민들과 긴밀한 관계를 갖고 있었다는 점도 적지 않은 영향을 주었을 것이다. 이는 임경업 신격을 선택·수용하는 사람들이 어업을 중시하는 도서 지역 주민들이라는 점을 보더라도 쉽게 짐작할 수 있는 내용이다.

임경업과 어민들이 상호 긴밀한 관계를 유지하고 있었다는 내용은 해안 지역에 전해 오는 설화 이외에 임경업이 활동하던 시기의 역사적 사실에서도 확인할 수 있다. 아래의 내용을 보면 오래전부터 임경업은 어민들과 직간접적으로 교류가 있었음을 알 수 있다.

보덕 徐祥履 등이 치계하기를 임경업의 군관 李孝信이 館所에 왔으므로 그 도망쳐 온 경위를 물으니 대답하기를 '임경업이 망명하던 당초에 머리를 깎고 중이 되어 강원도 및 공청도 內浦를 왕래하면서 태안 朴守元의 집에 거주하였는데 수원은 곧 임경업의 군관이었다.' 하였습니다. 그가 데리고 온 뱃사람이 모두 10인이었는데 이효신은 이천 서면에 거주한다고 자칭하였고 李自龍·李亨男은 범범하게 서산·태안 사람이라 칭하였으며, 중 두 사람 가운데 하나는 林成己라 칭하고 하나는 崔守明이라 칭하였는데 모두 강

원도 사람이었습니다.[13]

　　그가 장군 시절 수군장을 맡아 바다를 무대로 많은 활동했다는 점에서 보면 임경업과 어민들의 교류는 오래전부터 있었던 것으로 보인다. 청나라가 가도椵島, 평안남도 소재에 있는 명의 도독부都督府를 공격하려고 조선에 청병請兵하자, 임경업은 조선의 수군장으로 출정出征하기도 했는데[14] 이 과정에서 여러 지역의 어민들과 자연스럽게 교류가 있었을 것이다.

　　또한 머리를 깎고 절에 숨어 지내다가, 중국 장수 황비黃飛·송길宋吉과 함께 군사를 내어 의주를 막아 끊을 방법을 모색하며 행했던 일련의 과정에서도 임경업과 어민들이 상호 밀접한 교류가 있었을 것이다. 아래 내용은 이런 흔적을 보여주는 자료이다.

　　金郊에 이르렀을 때 청나라 사람들의 추국과 신문이 매우 혹독하다는 소식을 듣고는 '헛되이 죽는 것은 義가 아니다.'라고 여겨 마침내 도망하여 산골짜기로 들어가 머리를 깎고 중이 된 뒤 楊口의 조그만 절에 숨어 있다가 영동과 관서 지방을 두루 돌아다녔습니다. 그러다가 돌아와 京江에 이르러 배 한 척을 빌려 계미년 5월

<hr>

13 『仁祖實錄』 仁祖 22년.
14 김의정, 『역사소설 임장군전연구』, 솔터, 1992, 16쪽.

26일에 麻浦에서 출발하여 海西를 통해 바다로 들어갔는데, 칼을 빼들고 뱃사람들을 협박하기를 '내가 바로 林 兵使이다. 중원으로 가려 하는데 너희가 만일 따르지 않으면 이 칼로 결단을 내겠다.' 하였더니, 모두가 그대로 따랐습니다. 이에 鹿島로 갔다가 이 해 가을에 海豊島로 옮겼으며 명나라 장수 진영에 구금되었다가 마침내는 중국 장수 黃飛·宋吉과 함께 군사를 내어 의주를 막아 끊을 방법을 모색하면서 大君을 우리나라로 귀환시킬 계책을 세우고자 했을 따름입니다.[15]

위의 내용에서도 알 수 있듯이 임경업은 어민들과 밀접한 교류가 있었을 뿐만 아니라, 본인의 막중한 일을 해결하는 과정에서 어민들에게 많은 도움을 받았다. 비록 칼로 위협하여 어민들을 장악하기는 했으나, 배 한 척을 빌렸다는 내용과 어민들과 함께 배를 타고 바다를 누볐다는 내용을 보면 그와 어민들이 긴밀한 관계를 맺고 있었음을 추정할 수 있다.

임경업이 어민들과 긴밀한 관계를 유지하고 있었다는 것은 위의 인용문에서도 나타나듯이, 그가 바다를 무대로 많은 활동을 하였다는 사실에서도 충분히 짐작해 볼 수 있다. 그리고 장군 시절 서해안 일대를 무대로 활동했다는 점 등을 보면 그

---

15 『仁祖實錄』 仁祖 47년.

는 서해안 지역의 사정을 잘 알고 있었던 것으로 보인다. 실제로 임경업은 오늘날 북한 지역에 해당되는 가도는 물론 서울의 마포, 그리고 충청도 태안 지역 등 서해안의 여러 도서 지역을 자주 왕래하였다. 인조 21년의 기록에 "임경업은 지난해(인조 21년) 5월 초에 배를 타고 태안泰安에서 출발하여 중원의 해풍海豊 지방에 정박해서, 처음에는 해위도독海衛都督 황비군문黃飛軍門의 총병摠兵인 마등고馬騰高의 휘하에 소속돼 있었는데 뒤에 명나라 조정에서 그를 평노장군平虜將軍으로 임명하여 군졸 4만 명을 주었답니다."[16]라는 내용이 이를 뒷받침한다.

앞서 소개한 역사적 사실에서 알 수 있듯이 임경업은 서해안을 자주 누비며 여러모로 서해안 도서 지역의 주민들과 많은 교류가 있었는데, 이 과정에서 연평도 지역의 어민들과도 교류가 있었던 것으로 보인다. 특히 배를 타고 연평도 지역을 지나가는 과정에서 이 지역의 어민들과 어떤 식으로든지 교류가 있었을 가능성이 높다. 이런 연유로 임경업은 죽은 후에 연평도 지역의 신으로 선택·수용될 수 있었다.

---

16 『仁祖實錄』 仁祖 45년.

2. 임경업 신앙의 형성

　　연평도 지역민들에 의해 신으로 선택·수용된 임경업은 신격을 부여하는 단계를 거쳐 연평도 지역의 신으로 모셔지게 된다. 임경업과 같은 실존 인물이 특정 지역의 마을신으로 모셔질 수 있었던 것은 그를 신으로 모시는 주민들의 선택·수용과 함께 특정 인물이 지닌 능력과 영험성을 지역민들이 필요로 했기 때문이다. 그러나 이런 요인만으로 실존 인물이 특정 지역의 신으로 모셔진 것은 아니다. 여기에는 실존 인물신이 지니고 있는 여러 가지 특징뿐만 아니라, 그를 신으로 모시고 있는 지역사회의 인문·자연환경 등이 상호 복합적으로 작용하게 된다.[17]

　　조선시대를 살았던 임경업이 연평도 지역의 신으로 형성될 수 있었던 요인을 밝히기 위해서는 그가 살았던 당시 연평도의 지역적 상황을 고려하지 않으면 안 된다. 여기에서 말하는 지역적 상황은 임경업이 신으로 형성됐을 당시 지역사회의 시대적 배경을 말하는 것이다.

---

17 이기태는 역사적 인물의 신격을 대상으로 한 기존 연구들이 그 원인을 심리적인 측면 및 사회기능적인 측면에서 이해하려는 경향이 강했다는 점을 지적하면서, 역사적 인물의 신격화 원인에 관한 연구에서는 민의 심성만이 아니라 거시적 변화 속에서 야기된 역사적 인물과 지역사회와의 관련성 속에서 이해하는 일이 무엇보다 중요한 것으로 보았다. 그는 이런 맥락에서 경북 영주시 순흥면 읍내리에서 모시고 있는 성황당(제)를 연구하였다(이기태, 「사회계층에 따른 역사적 인물의 신격화 과정과 제의 전통의 창출」, 『비교민속학』 15, 비교민속학회, 1998, 313~336쪽).

임경업이 활동하던 시기가 조선 중기라는 점에서
볼 때, 17~18세기 연평도의 지역적 상황을 다양한 측면에서 살
펴볼 필요가 있다. 이 시기는 역사적으로 사회·경제적인 측면에
서 많은 변화가 있었다. 이 무렵은 신분제가 타파되고, 막대한 자
본을 가진 상인들이 등장하면서 변화가 불가피하였다. 물론 당
시의 이러한 변화가 임경업 신의 형성 과정에 결정적인 영향을
준 것은 아니다. 그렇지만 임경업이 조선 후기에 신으로 형성됐
다는 점을 본다면 당시의 이러한 시대적 배경을 결코 무시할 수
는 없다. 실제로 오늘날 우리가 알고 있는 여러 형태의 민속들이
이 시기를 기점으로 많은 변화가 있었다. 특히 이 시기에는 새롭
게 생겨난 민속들이 적지 않은데, 대표적인 것이 장시를 중심으
로 펼쳐진 '탈춤'이다.[18]

이 장에서는 실존 인물 임경업이 어떤 연유로 연평
도 지역의 마을신으로 형성될 수 있었는지를 당시 연평도의 지역
적 사정을 통해 자세히 살펴보고자 한다.

---

[18] 오늘날 송파산대놀이 등이 바로 이 무렵에 형성되었을 가능성이 높다.
우리의 탈춤은 크게 두 가지 양상으로 나눌 수 있다. 안동의 탈춤과 같이 마을제의에서
파생되어진 것이 있는가 하면, 해서와 송파와 같이 장시를 중심으로 형성된 것들이 있
다. 일반적으로 제의형 탈춤은 그 역사가 오래되었지만, 장시를 중심으로 한 탈춤의 역
사는 전반적으로 조선 후기에 형성된 것으로 보인다.

1) 유입 인구수의 증가

우리의 도서 지역은 오래전부터 형성됐음에도 불구하고, 조선 중기(임진왜란 이전)만 하더라도 오늘날처럼 많은 사람들이 섬에 거주하지 못했다. 왜구와 해적의 피해를 줄이기 위해 실시한 중앙 정부의 공도정책空島政策이 중요한 영향을 주었지만, 무엇보다도 섬에 대한 인식이 매우 배타적排他的이었기 때문이다. 조선 전기만 하더라도 내수면 어업이 주를 이루었을 뿐만 아니라, 바다의 어장漁場이나 어전漁箭 등은 모두 국가가 소유하는 것[19]이 원칙이었는데, 이런 점에서 보더라도 당시 도서 지역에는 많은 수의 주민이 거주하지 못하였다.

그러나 임진왜란 이후에는 비교적 많은 사람들이 섬 지역을 찾았다. 신분제身分制 등의 폐지로 적지 않은 사람들이 섬으로 피신하거나, 생계 등을 목적으로 섬을 찾는 사람들이 늘어나면서 이 시기 섬 지역의 인구가 급격히 증가한 것이다.[20] 이 무

---

19 조선시대 초기에는 과전법을 시행하여 사전(私田)을 환수하여 국유화를 단행했듯이 어장에 대해서도 사어장(私漁場)을 환수함으로써 연안어장을 국유화하였다. 조선시대 어장의 국유는 어장의 국가직영을 의미하는 경우도 있으나, 대부분은 어민의 자유로운 어업활동을 인정하는 대신 어세를 납세토록 하였다. 그러나 이러한 어장의 국유화는 후기에 접어들면서 점차 문란해져 경제적 가치가 있는 어장의 대부분은 왕족이나 사대부들이 점유하여 漁利를 수탈하는 방식으로 이용되면서 어장의 사점화(私占化) 현상이 재현되었다(민상기, 「어촌공동체의 연안어장 점유와 이용에 관한 연구」, 전남대학교 박사학위논문, 1998, 33쪽).

20 실제로 강화도와 제주도, 진도와 같은 큰 섬 지역을 제외한 대다수의 섬 지역에 입도조가 들어온 시기는 17세기 중엽에서 18세기 중엽에 집중적으로 이루어졌다. 이 점은 김경옥이 전라남도 도서 지역의 입도조를 연구한 자료에서 구체적으로 확인된다(김경옥, 「조

렵에 섬 지역의 인구수가 증가하게 된 연유는 무엇보다 생계를 목적으로 섬을 찾은 이들이 많아졌기 때문이다.

　　　　임진왜란과 병자호란으로 삶의 터전을 잃은 당시의 유민流民들은 산골짜기와 도서 지역 등으로 이주하였다. 비교적 해산물이 풍부한 도서 지역은 당시 유민들에게 있어 더 없이 좋은 이주 지역이었다.[21] 실제로 서남해안 도서 지역을 조사한 자료에 따르면, 17~18세기 도서 지역으로의 입도入島 사유를 물으면 생계를 목적으로 섬에 유입한 사례가 가장 많았다.[22] 당시에는 생계를 목적으로 섬을 찾은 주민들 이외에 막대한 이익을 얻기 위해 섬을 찾은 이들도 적지 않았다.[23]

　　　　당시의 이런 양상은 연평도 지역 역시 마찬가지였던 것으로 보인다. 임란 이전에도 주민들이 거주해 있었긴 하나, 양

선 후기 서해안 도서의 사회경제적 변화와 도서정책 연구」, 전남대학교 박사학위논문, 2000, 37쪽).

21 이처럼 계속적인 주민 이주가 있었던 데는 그 시대가 갖는 여러 요인들이 영향을 주었으리라 생각된다. 우선 중앙정부 측 입장에서 매도하는 것처럼 피역(避役)의 방편일 수도 있고, 또 생리(生理)의 우족(優足)을 좇아 출륙(出陸)할 수 있을 만큼 통제가 이완된 결과일 수도 있다. 또한 향리(鄕吏)나 연고지를 떠나야만 했던 유민(流民)들의 최종 귀착지로서 도서가 선택되었을 수도 있을 것이다(이해준, 「鳥島 지역의 歷史的 背景」, 『도서문화』 2, 목포대학교 도서문화연구소, 1984, 87쪽).

22 김경옥, 앞의 논문, 20~25쪽.

23 금당도 밀양 박씨의 입도조는 박준익(1768~)이다. 본래 전주에서 세거하다가 보성으로 이주하였으며, 어업을 하기 위해 보성에서 금당도로 입도하였다. 박준익은 금당도(울포)에 터를 잡고 어업을 시작하였으며 그의 후손들은 금당도의 여문포 일대에서 염전을 운영하여 부를 축적하였다고 전한다(위의 논문, 27쪽).

조기를 소금에 절여 통째로 말린 굴비

난兩難 이후 많은 수의 이주민들이 생계를 목적으로 연평도를 찾았다. 인조仁祖 22년에 조경이라는 인물이 해서海西를 살피고 돌아와 보고하기를, "신이 두루 다녀보니, 牛峰과 兎山 지역은 모두 胡變으로 피해를 입었으나 海州·黃州·鳳山 등지와 같지는 않았습니다. 甕津과 豊川 일대는 대부분 魚鹽의 이로움이 있는 까닭에 살아남은 백성들이 다시 모여들고 있는데, 조정에서도 3년 기한으로 復戶해 주었기 때문에 그 덕택으로 보존되고 있습니다."[24]라고 한 내용에서 이런 사실을 확인할 수 있다.

　　　여기에서 언급하고 있는 어염魚鹽의 이로움이란 연평도의 좋은 어장을 말한 것으로 보인다. 일찍이 연평도 지역은 위도를 중심으로 하는 칠산어장과 함께 서해안을 대표하는 조기어장이었다. 이곳에서 산출되는 조기는 크기가 굵고 맛이 매우 뛰어나, 조선 시기에는 임금에게 올리는 진상품振上品의 하나였다.[25]

---

24 『仁祖實錄』 仁祖 22년.
25 이 지역에서 산출되는 조기가 언제부터 진상품으로 올려졌는지에 대해서는 구체적으로 알 수 없다. 다만 세종 때 조기는 명나라 황제에게 바칠 조공품목 중에 하나였다. 준치

지금도 연평도의 안목 근처에는 '진상바우'라는 바위가 남아 있다.[26] 특히 이곳에서 잡힌 조기는 "연평바다에 조기 우는 소리가 우레처럼 은은하게 서울에 들려오면 많은 사람들이 입맛을 다시며 조기를 생각하건만 (이하 생략)"[27]이란 내용에서도 알 수 있듯이 오래전부터 상품으로서의 가치가 매우 높았다.

상업자본이 대두되고, 제사의 활성화 등으로 어물 수요가 급증하면서 연평도 지역[28]의 인구수는 조선 후기에 급증한다. 이는 양난 이후의 이주민은 물론 조기를 잡기 위해 연평도를 찾은 어민들의 수가 증가한 데에서 원인을 찾을 수 있다. 더욱이 17~18세기 이후 해상교통海上交通이 발달하고, 연안沿海 지역에 대한 관심이 높아지면서 많은 사람들이 연평도를 비롯한 섬 지역

1830마리, 조기 1000마리, 민어 550마리 등(『世宗實錄』 45권, 11년 7월 癸亥). 그리고 『승정원일기』의 기록에(仁祖 4년, 1626)는 "司饔院都提調意啓曰, 黃海 字缺石首魚, 非但沈鹽, 或有色字缺請進官吏推考"라는 내용이 보인다. 또한 비교적 후대 자료인 『承政院日記』의 자료(고종 10년 癸酉)에는 "황해 감사 徐元輔의 장계에, 진상인 비늘을 제거한 石秀魚(조기)는 절기가 조금 늦은 관계로 아직 잡지 못했고 조기의 알은 아직 제대로 차지 않아 기한 내에 封進하지 못하였으므로 황공하여 대죄합니다."라는 내용이 기록되어 있다(이하 생략).

26 조○준(남·77), 2006. 3. 19. 현지 조사.

27 정약용, 『經世遺表』 14권.

28 황해안(서해안)은 조기가 회유하는 한국 제일의 어구(漁區)이다. 춘계(春季)에 조기가 산란을 위하여 북상 회유할 경우에, 위도 근해의 제1차 산란장을 벗어나 어족들이 연평도 근해를 제2의 산란장으로 삼기 때문에, 4~6월을 어기(漁期)로 하는 연평도 근해의 어장이 성립되는 것이다(한인수, 「한말의 연평도 근해 조기 어업 소고」, 『지리학연구』 3, 한국지리교육학회, 1977, 24~25쪽).

으로 이주하였다.[29] 연평도 지역에 전해 오는 다음 이야기를 통해 당시의 이러한 실상을 유추해 볼 수 있다.

> 연평도 지역에는 李适의 난이 평정된 후에 육지에서 池 씨와 蔡 씨가 각각 단신으로 들어와 살기 시작하였다. 이들이 연평도에 들어오게 된 동기는 분명치 않으나 이 두 사람은 각기 저대로 들어와서 살아보니 해산물이 풍부하고 산림이 울창하며 기후와 풍토 등이 사람이 살기 알맞은 고장임을 알고 뒤이어 가족들을 같이 들여와서 살기 시작하였다. 이것이 연평도에 사람이 들어와 살기 시작한 시초가 되었다.[30]

당시 많은 수의 이주민이 유입되면서[31] 연평도 지역은 많은 변화를 겪게 된다. 이 과정에서 토착민과 이주민 사이의 불화 등으로 연평도 사회는 새로운 질서 확립이 절실히 요구되었는데, 특히 이주민의 증가로 지역사회가 팽창하면서 지역민 사이의 유대 강화는 당시 연평도 사회에서 매우 중요한 과제였다.[32] 그

---

29 국립해양유물전시관, 『우리배·고기잡이3 −관매도·추자도·태도·울릉도 지역 전통한선과 어로민속−』, 2002, 10쪽.

30 옹진군지편찬위원회, 앞의 책, 225~226쪽.

31 필자가 조사한 바에 의하면, 현재 연평도 지역 주민들의 선조는 300년 전에 해주 지역에서 섬으로 들어왔는데, 그 성씨는 김해 김씨라 한다 [김○성(남·77), 2006. 3. 19. 현지 조사] .

32 마을굿은 대표적인 집단의례로서 이를 시행하고 있는 지역의 주민들은 거의가 자기들의

리고 이 문제를 해결하기 위한 방편으로 연평도 주민들은 새로운 형태의 신앙공동체信仰共同體를 만들고자 했을 것이다.[33] 새로운 형태의 신앙공동체는 연평도 지역에 있었던 기존의 신앙과는 다른 것으로 이해할 수 있는데, 이는 크게 두 가지 측면에서 생각할 수 있다. 하나는 기존에 없었던 공동체신앙이 새롭게 생겨났다는 것이고, 다른 하나는 기존의 신앙 대상이 이 무렵에 오면서 새로운 대상으로 대체代替되었다는 것이다.

　　　　물론 현 시점에서 이 두 가지 내용 중에서 어떤 쪽에 더 가까운지 알 수 없지만, 중요한 사실은 당시의 주민들은 공동의 제의를 통해 지역사회의 이러한 문제를 해결하고자 했다는 점이다. 공동체신앙을 만드는 과정에서 주민들은 평소 지역사회와 긴밀한 관계를 맺었던 임경업을 마을신으로 선택하였고, 임경업을 위한 공동의 제의를 준비하는 과정에서 구성원 간의 유대 강

공동운명을 여기에 의탁하고자 하는 경향이 농후하다. 따라서 공동신의 가호를 받아 생활의 안녕을 유지하고 생활을 증진시키기 위해서는, 전 집단인들이 일치단결하여 신성성을 보지하고 또 최대 최고의 정성을 바쳐야 한다는 신념을 지니게 된다. 이에 평상시에는 비록 주민간의 단합이 원활하지 못하였던 부락이라 할지라도 제의 기간만은 협조하고 협심하는 단결이 용이한 것이다. 뿐만 아니라 당제의 마지막 순서인 파제는 최대 축제로서, 전체 주민들이 희미하게 남아 있는 班常의 구별이나 심하면 노소의 구별까지도 망각한 채 하루를 즐기게 됨으로써 주민 상호간의 불신, 자신의 불만 등을 해소할 수 있는 절호의 기회가 되어 주고 있다. 따라서 부락제는 지역 주민들의 응집성을 강화해 주는 사회적 기능을 발휘한다고 볼 수 있다(박계홍, 「충남 서해도서의 민속연구 –부락제의 실태조사를 중심으로–」, 『백제연구』 4, 충남대학교 백제문화연구소, 1973, 171쪽).

33 최길성은 부락제(마을굿)는 지역사회의 통합은 물론, 마을의 불안을 전체적으로 극복하고자 하는 신앙이라 언급하고 있다. 이는 부락제의 가장 근본적이고 원초적인 목적이라 할 수 있다(최길성, 『한국민간신앙의 연구』, 계명대학교출판부, 1989, 208~209쪽).

화는 물론 사회적 규범의 토대를 마련할 수 있었던 것이다.[34]

2) 생업 환경의 변화

연평도 지역에 언제부터 사람이 거주했는지는 알 수 없다. 특히 조선 시기 이전의 연평도 모습에 대해서는 추정하기가 쉽지 않다. 다만 여타 도서 지역의 사례와 문헌 자료 등을 통해 조선 전기 연평도 지역의 모습을 개략적으로 살펴볼 수 있다.

조선 초기 정부의 도서 지역에 대한 관심과 정책은 매우 빈약했다.[35] 이 시기 도서 지역의 인적 구성은 누대로 살아온 정착민 이외에 육지에서 노역 등을 피해 도망 온 사람들과 유배를 온 이들 중심으로 이루어졌다. 조선 전기 도서 지역 주민들의 생업은 지역에 따라 다소 차이가 있긴 하나, 어업보다는 땅을 일구며 살아가는 주민들의 수가 많았다.[36] 어업에 종사하던 대다

---

34 제사공동체는 구성원을 통합시키는 중요한 기능을 하고, 개인적인 욕망이나 행동을 억제함으로써 사회적인 규범의 토대를 마련할 수 있게 되는 것이다(표인주, 「공동체신앙의 종교적 구성」, 『한국민속학』 27, 한국민속학회, 1995, 519쪽).

35 해주에는 대수압, 소수압, 연평, 용매의 네 섬이 있으며 그 지역은 넓고 백성은 많아서 전답의 비옥함과 물산의 풍부함이 여러 주 중에서 제일이다. 여기에 관원으로 온 자의 사무는 번거롭고 처리하기가 고되어서, 어려운 일을 처리하는 재주가 없으면 다스리기가 어려우니 조정에서 관원을 보낼 때마다 그 인재를 구하기 어렵게 여겼다(『新增東國興地勝覽』 海州).

36 이조시대 어업경영의 특징은 어업이 주로 농민에 의하여 경영되고 그 경영규모가 영세한 데 있었다. 이조봉건사회에 있어서 자급자족적 자연경제가 지배적이었다는 것은 주지하

수의 주민들도 가까운 어장에서 고기를 잡거나 소규모로 소금을 만들면서 생활하였다. 연평도 등의 도서 지역을 포함해 해안 지역에 거주하던 어민들 대다수가 이와 비슷한 생활을 했을 것이다.

그렇다고 이 시기 연평도 주민들이 어업과 농업에만 종사했던 것은 아니다. 조선 전기 이곳에 목장牧場이 있었다는 사실을 놓고 보면,[37] 이 시기 연평도 지역에 거주하던 주민들 중 일부는 목장 일에도 관여했음을 알 수 있다. 당시 국가에서 도서 지역에 목장을 설치한 연유는 현지 주민들의 노동력을 이용하여 국마國馬를 확보하기 위해서였다. 특히 국마를 섬에서 기르는 일은 도서를 직접 통제할 수 있는 중요한 방법이었던 까닭에 정부에서는 적극적으로 연평도를 비롯한 여러 도서 지역에 목장을 설치하였다.[38]

이런 점에서 보면 조선 전기 연평도 지역 주민들은 어업 이외에도, 땅을 일구며 농사를 짓는 사람과 목장에서 말을 사육하는 일에 종사하는 이들로 구분할 수 있다. 『세종실록지리

는 바이다. 원래 자연경제에 있어서 어업을 포함한 모든 미성숙한 제 산업은 농업의 부속물로서 농업에 결합되고 있는 것이다. 자연경제가 지배적이었던 이조시대에 있어서는 어업도 농업의 부속적 존재에 불과했던 것이다(수산업협동조합중앙회, 『한국수산발달사』, 1966, 168쪽).

37 『新增東國輿地勝覽』 海州, 연평도는 고을 서남쪽 바다 가운데 있는데 그곳에는 목장이 있다.

38 김경옥, 앞의 논문, 21~24쪽 요약.

지』에 '연평도 지역의 馬匹數가 79필이고 牧子數가 154명'[39]이라는 내용이 기록된 것을 보면, 실질적으로 목장과 관련된 주민들의 수는 이보다 훨씬 더 많았을 것이다. 그럼에도 불구하고 조선 전기 연평도 지역의 주요 생업은 바다를 무대로 한 어업이었다. 연평도에는 농사를 지을 수 있는 땅이 적었기 때문이다. 『영조실록』에는 당시의 이러한 분위기를 알 수 있는 기록이 실려 있다.

> 康翎牧場은 본디 본시의 목장 가운데에서 가장 요긴한 곳인데, 두 번 지난 갑자년에 도신의 馳啓로 인하여 목장을 巡威島에 옮겨 설치하였습니다. 대개 이 섬은 해로의 要衝地가 되므로, 僉使를 두어 관방의 重地로 삼고, 인하여 監牧官을 겸하게 하여 本牧이 관장하는 麒麟島·延坪島 등을 放牧하는 곳으로 삼았었는데, 순위·기린·연평 세 섬은 본디 경작해서 세를 거두는 땅이 없으므로, 諸島의 牧子의 位田과 牧官의 糧料와 여러 가지 策應은 오로지 등산도의 옛 목장에 의지하였으니, 이 목장을 없앤다면 등산도의 한 목장은 곧 헛되이 설치한 것이 되고 첨사 또한 장차 폐지해야 할 것입니다.[40]

연평도 지역에 농사지을 땅이 부족한 사정은 오늘날

---

39 『世宗實錄地理志』海州.
40 『英祖實錄』英祖 82.

도 마찬가지인데, 이런 환경에서 당시 연평도 주민들은 어업을 통해 생계를 유지할 수밖에 없었다. 실제로 조선 전기 지리지地理志에는 "토산은 조기石首魚가 주의 남쪽 연평평延坪坪에서 나고 봄과 여름에 여러 곳의 고깃배가 모두 이곳에 모여 그물로 잡는다."[41]라는 기록이 보인다. 이를 통해 임란 이전까지도 연평도 주민들은 조기를 잡으며 생활했음을 알 수 있다.

하지만 임란 이전 연평도의 조기 어업은 매우 영세하고 소극적으로 이루어졌을 뿐 아니라, 조기 어업을 통해 잡은 이익 대부분은 국가 세금으로 납부하였다.[42] 그리고 이 시기에 연평도 지역에서 잡아 올린 조기는 진상품[43]으로 쓰이거나 보부상을 통해 해주와 서울 등 비교적 많은 사람들이 살고 있는 지역으로 팔려나가, 소비자들의 밥상에 올랐다. 그러나 당시 조기의 유통 구조와 규모는 영세적인 형태에서 벗어날 수 없었다. 이런 영세적인 모습은 15세기 중엽에 접어들면서 차츰 바뀌게 되는데, 이 시기에는 어량

---

41 『世宗實錄地理志』海州.

42 해주 남방의 연평에는 춘추에서 춘하에 이르는 사이에 여러 곳의 어선들이 모이어 망으로 석수어를 잡는데 이때 관에서는 세금을 징수하여 국용에 사용하였다고 한다(『世宗實錄地理志』海州).

43 『林園十六志』에 의하면 연평도의 조기 어업은 호남 칠산탄에서 시작하여 연평바다에 이르렀으며, 어장에서 다획되는 조기는 소금에 절이기도 하고 젓갈로 만들기도 하여 전국에 유통되었는데, 귀천이 모두 이를 좋아하며 생선 가운데 가장 많고 가장 많이 좋은 것이라 하여 조선 후기에도 계속 성황을 이루었음을 알 수 있다(옹진군지편찬위원회, 앞의 책, 215쪽).

魚梁 및 염분鹽盆 등의 사유화가 점증漸增하기 시작하였다.[44]

　　　　　임란 이후 연평도 지역의 생업은 이전에 비해 많은 변화가 있었다. 우선 목장의 폐지 또는 축소라는 국가의 정책에 따라 연평도 지역의 목장 역시 이러한 과정을 겪게 된다. 당시의 국가 정책에 따라 목장 일에 종사하던 연평도 주민들의 수도 급격히 감소했을 것이다. 그리고 목장 일에 종사하던 사람들은 다른 일거리를 찾아 타 지역으로 이주하거나 생업 자체를 바꿀 수밖에 없었는데, 이 시기 목장 일을 그만 두고[45] 연평도 지역을 떠나지 않은 주민들이 선택할 수 있는 일은 농사를 짓거나 물고기를 잡는 것이었다. 농사지을 땅이 부족한 연평도에서 주민들이 선택할 수 있었던 생업은 아마도 농업보다는 바다를 무대로 한 어업이었을 가능성이 높다. 실제로 오늘날 연평도 지역에는 농사를 지을 땅이 많지 않아 대다수 주민들은 어업에 종사하고 있다.

3) 본격적인 조기 어업의 시작

유입 인구수가 증가하고 생업 환경이 변하면서 연평

---

44 盧道陽, 「十五世紀 조선의 수산업」, 『대한지리학』 4, 대한지리학회, 1969, 2쪽.

45 정확하게 연평도 목장이 없어진 시점을 알 순 없지만 『大東地志』의 기록에는 용매도 목장이 진을 설치한 뒤에 폐해졌는데, 이후 연평도의 목장도 폐해졌다는 기록이 보인다. 龍媒島場은 본래 牧牛場인데, 뒤에 馬場이 되었다가 진을 설치한 뒤에 폐해졌다. 연평도장도 폐해졌다.

도 지역민들은 앞서 언급했듯이 새로운 형태의 생업을 찾았는데, 이 과정에서 그들은 이전보다 어업에 많은 관심을 가질 수밖에 없었다. 특히 연평도 지역이 일찍부터 조기 어업으로 유명하였던 연유로 당시 주민들은 조기 어업에 보다 많은 관심을 가지게 되었다. 물론 당시 연평도 주민들이 이전과 달리 조기 어업에 많은 관심을 가질 수 있었던 것은 단지 생업 환경의 변화와 유입 인구수의 증가에 따른 영향만은 아니다. 이전 시기와 달리 조선 후기에는 조기 등의 상품작물에 관심을 가지기 시작했다는 점도 적지 않은 영향을 주었다.

　　　　하지만 임란 이전에 행해졌던 조기 어업 역시 임란 이후, 특히 조선 후기로 접어들면서 많은 변화를 겪게 된다. 조기 어업의 변화 원인은 어물 수요가 크게 증가한 데서 찾을 수 있는데, 인구와 제사가 증가하고 유통로 등이 발달하면서 어물을 유통시킬 수 있는 기반이 전에 비해 크게 개선되었기 때문이다.[46] 실제로 17세기 후반에는 육지에서 멀리 떨어진 섬에도 각아문各衙門, 제궁가諸宮家, 그리고 토호배土豪輩들이 점거하여 해리海利를 독점하였다. 그리고 연해 지역이 유통의 중심지로 부상하면서 상업이나 어채魚採·어염魚鹽의 이익을 두고 많은 분쟁이 발생하였다.[47]

　　　　이러한 변화 과정을 놓고 보면, 당시 상품성이 높았

---

46 이영학, 「조선 후기 어물의 유통」, 『한국문화』 27, 서울대 한국문화연구소, 2001, 205쪽.
47 국립해양유물전시관, 앞의 책, 10쪽.

던 조기에 대한 수요가 증가했다는 사실은 어찌 보면 당연한 결과이다. 이 시기 연평도 지역도 조기 어업에 종사하는 인구수가 급격히 증가했을 가능성이 높은데, 그 이유는 연평도 지역이 서울·해주·평양 등의 대도시와 인접할 뿐만 아니라 오래전부터 조기가 많이 잡히던 곳이었기 때문이다.

임란 이후 생활 터전을 잃고 연평도 지역을 찾는 유랑민들의 수가 증가하면서, 연평도 지역의 생업 환경은 더욱 빠른 속도로 변화하였다. 한정된 땅에 인구가 늘어나자 기존에 농사를 짓던 사람은 물론, 외부로부터 유입된 이주민들은 새로운 형태의 생업을 찾을 수밖에 없었다.[48] 이 과정에서 연평도 주민이 선택할 수 있었던 최적의 생업은 조기 어업이었다.

이런 측면에서 볼 때 '약 340년 전에 임경업 장군이 원조援助를 구하기 위하여 인천에서 명나라에 가는 도중에 조난을 당하여 본도에 상륙하였고, 이때 망을 만들고 어업을 전수한 것이 이 도서에서의 조기 어업의 기원이 되었다'[49]는 이야기는 아마도 당시의 이러한 모습을 반영한 것으로 보인다.

---

[48] 당시 도서 지역을 찾은 이주민들이 이주 과정에서 고려한 내용 중의 하나는 그들이 선택한 정착지의 입지적 조건이었다. 이주민들은 강물과 바닷길을 따라 섬으로 유입하였다. 따라서 해로는 이주민들의 터 잡기에도 영향을 주었던 것으로 보인다. 이주민들이 선택한 마을의 입지적 조건은 포구와 경작지 주변이었다. 내륙에서 바다를 건너 섬에 도착한 이주민들은 섬의 출구인 포구를 정착지로 선택하였다. 포구는 큰 바다와 인접된 곳보다는 물결이 잔잔한 내해를 선호하였던 것으로 보인다(김경옥, 앞의 논문, 39쪽).

[49] 한인수, 앞의 논문, 26쪽.

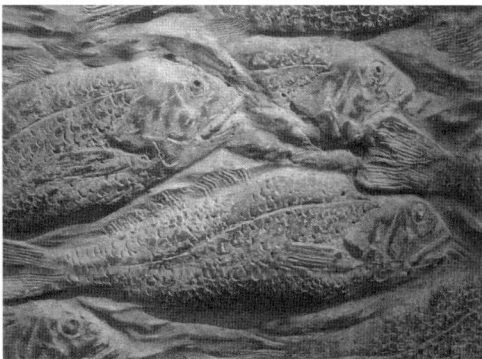

연평도의 조기역사관   조기역사관 기념비에 새겨진 조기 모형

　한편, 조기 어업이 본격화되면서 임란 직후 유입된 유랑민 이외에 조기 어업을 통해 돈을 벌고자 연평도 지역을 찾은 외지인들의 수도 급격히 증가하였다. 연평도 지역에 거주하고 있는 김해金海 김씨金氏의 선조가 '조기잡이를 통해 돈을 벌기 위해 300여 년 전에 해주에서 연평도 지역으로 들어왔다'[50]고 하는 내용에서 이를 엿볼 수 있다. 연평도 지역의 이런 양상은 조기 어업이 활발했던 위도 지역은 물론 여러 도서 지역에서도 쉽게 확인된다.[51]

---

50 김○성(남·77), 2006. 3. 19. 현지 조사.

51 위도 지역에서 만난 안○춘 씨의 선조가 위도에 들어온 지 2백여 년이 넘는데, 위도 지역으로 선조가 들어오기 전에 본래 황해도에 3명의 형제가 살았다고 한다. 이들 형제들은 생계를 목적으로 각기 다른 서해 여러 도서 지역을 찾아갔다고 한다. 그 3형제 중 막내가 위도로 들어와 지금까지 그 후손들이 살고 있다 [안○춘(남·77세), 2003. 2. 1. 현

조기의 수요가 증가하고, 새로운 형태의 다양한 어업 기술이 생겨나면서 연평도 지역의 조기 어업은 이전과 달리 매우 활발하게 전개되었다. 이런 시대적 흐름에 따라 목장 일에 종사하던 이들과 농사를 지으며 생활하던 주민들까지 대거 조기 어업에 뛰어들었기 때문이다. 이들이 조기 어업에 참여할 수 있었던 데에는 조기 어업을 통해 짧은 기간(2~3개월) 동안 많은 돈을 벌 수 있었던 것과도 관련이 있지만, 농사지을 땅이 부족했던 연평도 주민들이 유일하게 선택할 수 있었던 생업이 바로 조기 어업이었다는 점도 결코 배제할 수 없다.

　　생업 환경의 변화는 주민들의 삶에도 많은 영향을 주었다. 먼저 회유해 오는 조기를 많이 잡기 위해 주민들에게는 좋은 어구와 보다 규모 있는 어업 선단船團이 필요하였다. 특히 규모 있는 어업 선단을 꾸리기 위해서는 연평도 지역민 간의 협동어업이 불가피하였는데, 이는 개별 가족 단위의 조기 어업에서 벗어나 마을 단위 혹은 몇몇 선주船主가 어업자금과 노동력을 투자하여 공동으로 조기를 잡기 시작했다는 것을 의미한다. 그리고 이러한 변화가 있었던 시점부터 연평도 지역에서 주민들을 중심으

지 조사] .
위도 지역에서 볼 수 있는 이러한 사례는 비교적 여러 지역에서 볼 수 있는 내용이다. 하의도 丹陽 禹氏 입도조는 禹明泰로 누대로 영암 西湖에서 세거하였는데, 1703~1737년경에 생계를 목적으로 외가가 있는 하의도로 입도하였다(김경옥, 앞의 논문, 26쪽).

로 한 공동의 어업이 본격적으로 진행된 것으로 보인다.[52]

　　또한 조기 어업이 이전보다 활발하게 진행되면서 조기를 잡는 어업 범위가 확대되었다는 점을 주목해야 한다. 임란 이전의 조기 어업은 주로 마을과 가까운 내수면內水面에서 행해졌지만, 조기에 대한 수요가 증가하면서 어업권의 범위가 점차 확대된 것이다.

　　그런데 어업권의 범위 확대는 이전에 비해 다양한 해난사고海難事故를 초래하였다. 연평도 인근에서 조기를 잡을 때와 달리 비교적 먼 바다를 오가며 행하는 조업에서는 더욱 많은 위험 요소가 따랐기 때문이다. 이러한 변화를 겪는 동안 연평도 주민들에게는 기존의 신과 다른 새로운 형태의 신이 필요하게 되었는데, 이 과정에서 주민들은 그들과 밀접하게 관련된 임경업을 신으로 선택한 것이다.

---

52 물론 이 시기에 연평도 지역에서 공동 어업을 진행하는 데 소요되는 자본은 외지에서 들어왔을 가능성이 매우 높다. 외지인들이 연평도에 자본을 대고, 연평도 어민들은 그들이 투자한 자본을 통해 조기 어업을 했을 것이다. 이런 사실을 반영하듯 연평도는 해산물이 많으면서도 갑오개혁 전후까지 귀족들의 수탈행위 등으로 인하여 자기가 잡은 고기도 마음대로 집에 가져다 먹지 못하는 형편에 이르러, 심지어는 몰래 홍어를 등에다 업고 그 위에 옷을 입고 도둑질해다 먹었다는 이야기가 전해지고 있다(옹진군지편찬위원회, 앞의 책, 254쪽).
또한 『일성록』(정조 18년 11월 4일 무자조)에는 18세기 연평도에는 魚網을 설치한 어장이 24基가 있었는데 그중 1기는 섬사람들의 소유 혹은 지세기(지방 아전들이 장악한 漁基)였고, 나머지 23기는 延安 고을 상인들이 세습으로 소유하여 서로 매매하여 오던 것이었다(延坪島則漁場設網處 爲二十四基 島民二十三基 地稅基 邑人之世代相傳賣買避集者 無異農民田土)는 기록이 보인다.

3. 임경업 신앙의 정립定立

　　연평도 지역의 마을신으로 형성된 임경업 신이 오늘날까지 전승되기 위해서는 지역사회에서 임경업이 신으로 정립되는 과정을 반드시 거쳐야 한다. 당시의 시대적 배경과 지역적 특징 등으로 인해, 마을신으로 형성된 임경업 신에 대한 믿음이 사라진다면 신앙으로서의 전승이 어렵기 때문이다. 특히 그의 신앙에 대한 영험성이 지속된다 하더라도 지역사회의 요구에 부응하지 못하거나 영험성이 소멸되면 신앙민들의 기억에서 잊힐 수 있다. 또한 신앙민들의 삶의 변화와 다양한 요구에 부응하지 못한다면 임경업은 더 이상 신앙 대상으로서의 기능과 역할을 할 수 없게 되는 것이다.

　　이 장에서는 연평도 지역의 마을신으로 형성된 임경업 신이 어떤 연유로 정립되어 오늘날까지 전승되고 있는지에 대해 알아보고자 한다.

1) 제의 공간의 확보

　　연평도 지역의 마을신으로 형성된 임경업 신이 정립 과정을 거쳐 오늘날까지 전승될 수 있었던 요인 중에 하나는 연평도 지역에서 제의 공간을 확보하였다는 점을 들 수 있다. 이는

임경업 신이 모셔진 연평도의 충민사

달리 말하면 주민들이 실존 인물신인 임경업을 제의 공간에 모시게 되면서 그가 비로소 지역사회의 마을신으로 정착될 수 있었다는 것이다.

특정 인물신이 특정 마을에 신으로 정립될 수 있었던 요인 중에서 제의 공간을 확보하는 일이 중요한 이유는 중국의 사묘祠廟신앙을 통해 엿볼 수 있다. 중국의 민간신앙에서 어떤 신을 위한 사묘가 세워졌다는 것은 그 신령의 영험함에 대한 공식적인 승인이 이뤄짐을 의미한다. 이런 점에서 볼 때 신이 지니고 있는 영웅성 등은 실존 인물이 신이 되기 위해 필요한 하나의 조건일 뿐, 신으로 존립되기 위해서는 무엇보다 그의 활동을 위한 물적物的 토대로서 사묘를 확보하는 일이 중요하다. 죽은 사람의 영혼이 영웅적인 귀환을 통해 신이 되었다는 것은 이미 그를 위한 사묘가 세워졌음을 의미하기 때문이다.[53]

중국의 사묘 발생과 개념에서 알 수 있듯이, 실존 인물이 지역의 신으로 정립되기 위해서는 그를 모실 수 있는 제의 공간 확보가 우선시되어야 한다. 그리고 실존 인물신을 비롯한 여러 신이 사당이나 당집 등에 모셔졌다는 것은 그 신앙의 지속성이 보장될 수 있는 토대를 마련했다는 증표가 된다. 또한 이런 제의 공간이 확보되었다는 점은 지역민들이 그를 마을신으로 인정하였음을 보여 주는 것이기도 하다.

그런데 지역에서 실존 인물신을 위한 제의 공간을 확보하기 위해서는 지역 주민의 합의가 반드시 필요하다. 개인제의와 달리 마을의 공동제의에서 제의 공간을 확보하였다는 것은 지역민들 대다수가 그를 마을신으로 인정한다는 중요한 절차이기 때문이다.

오늘날 연평도 지역에서 임경업 신이 모셔진 제의 공간은 연평도 면사무소 뒷산에 위치해 있는 충민사忠愍祠이다. 충

---

53 박지현, 「중국 민간신앙 속에서 神 되기 -『太平廣記』神部 이야기에 나타나는 人物神 분석-」, 『중국학보』 51, 한국중국학회, 2005, 143쪽.

충민사 내부에 마련된 임경업 신의 제단

민사가 있는 마을의 뒷산은 연평도의 주산主山에 해당되는 당산
이며, 충민사 안에는 임경업의 영정影幀이 놓여 있다. 충민사와 관
련된 구체적인 문헌 기록이 남아 있지 않아 충민사의 모습이 처
음부터 오늘날의 모습을 지니고 있었는지에 대해서는 정확하게
알 수 없다. 다만 이 지역 주민들의 증언에 따르면 조선 말기에 건

립된 충민사는 1931년에 소실되었고 1954년에 중건·개수를 하여, 1969년도에 다시 보수된 것[54]으로 보인다.

충민사와 관련된 또 다른 기록에는 '1931년에 화재로 소실된 것을 어민들과 이곳 주민들의 협조로 소실 전의 사당보다 좀 더 품위 있게 지었다'[55]고 명시되어 있다. 과거 사당 안에 걸려 있던 임경업 영정은 이 마을의 선주船主인 유봉선 씨 큰아버지가 그렸으나, 오래전에 없어졌다고 한다. 현재 충민사에 놓여 있는 영정은 연평도 풍어제를 복원하는 과정에서 근래에 그려 놓은 것이다.[56]

그런데 오늘날 임경업이 모셔진 충민사의 모습은 우리가 흔히 마을에서 볼 수 있는 당집이 아닌 유교적인 사당이다. 충민사가 유교적 성격이 강한 사당의 형태를 하고 있다고 해서 연평도 지역에 모셔진 임경업 신앙이 유교적 제의 양상을 지니고 있는 것은 아니다. 오늘날 임경업이 충민사라는 유교적인 형태의 당집에 모셔져 있는 이유에 대해서는 앞으로 다양한 측면에서의 논의가 필요하다.

임경업 신이 정립되는 과정에서 제의 공간을 확보했다는 것은 신으로 모셔진 인물을 기억하기 위한 장치이기도 하

---

54 옹진군지편찬위원회, 앞의 책, 1072쪽.
55 인천문화원, 『향토사료조사보고서 -옹진군 일원-』, 1999, 180쪽.
56 인천광역시립박물관, 『西海島嶼 綜合學術調査 報告書』, 2003, 362쪽.

다. 이 점은 일본의 마스다 신사가 세워진 연유를 통해서도 확인할 수 있다. 일본의 마스다 신사는 '콜레라의 엄습'이라고 하는 미증유의 대사건을 겪게 된 다카쿠시의 주민들이, 스스로 목숨을 버리고 자신들을 구해준 마스다 순사의 공을 기념하고 그를 위령하기 위하여 건립한 것이다. 마스다 신사가 세워진 이유에서도 볼 수 있듯이 신으로 모시는 것, 즉 신사를 세우는 일은 당시 사람들에게 가장 유효한 기억 장치이다. 왜냐하면 그를 신사에 모심으로써 매년 제례 때마다 제신의 업적을 상기하여 기억을 새롭게 할 수 있으며 후손들에게 그의 공을 전할 수도 있기 때문이다.[57]

실존 인물신과 달리 자연신의 경우, 사묘는 단순히 그곳에 신령이 존재한다는 하나의 표지일 뿐이다. 자연신은 강이면 강, 산이면 산 등의 자연물과 함께 존재하는 것이기에 그곳에 신이 언제부터 존재했는가는 그리 중요하지 않다. 다만 '그곳에 신이 있는가, 없는가? 있다면 얼마나 영험한가?'만이 문제가 될 뿐이다. 그러나 실존 인물신에게 있어 사묘와 같은 제의 공간은 자신이 신이 될 수 있는가 없는가를 결정하는 중요한 요소이다. 중국의 인물신인 오자서와 항우, 이빙 등은 모두 사묘의 건립이 있고 나서야 비로소 신이 될 수 있었다.[58] 이런 점에서 볼 때 임경업 신이 연평도에서 충민사라는 제의 공간을 확보하였다는 것은 그가

---

57 고마쓰 가즈히코, 『일본인은 어떻게 신이 되는가』, 김용의 외 옮김, 민속원, 2005, 221쪽.
58 박지현, 앞의 논문, 143쪽.

신으로 정립되는 과정에서 매우 중요한 부분이라 할 수 있다.

2) 정기적인 제의

임경업이 신으로 정립될 수 있었던 데에는 충민사라는 제의 공간을 확보했다는 점 못지않게 연평도 주민들이 그에게 제의를 지냈다는 점 역시 매우 중요하다. 본인이 사후에 신이 되기를 바라고, 제의 공간이 영원토록 존속하기를 바랄지라도 제사를 지내주는 사람이 없으면 그 신앙은 지속될 수가 없다. 계속해서 제사를 모시고 기억하고자 하는 사람이 있을 경우에만 비로소 의미 있는 영혼으로 자리할 수 있는 것이다.[59]

여기에서의 제의란 제의 공간에서 언급한 바와 같이 주민들이 공동으로 지내는 제의를 말한다. 특히 마을 주민들이 정기적으로 제의를 지내는 일은 신앙이 정립·지속되는 과정에서 매우 중요하다.

연평도에서 임경업 신이 형성된 초창기의 제의 형태는 오늘날과 비교할 때 차이가 있었을 것이다. 초창기 연평도 주민들은 오늘날처럼 마을 주민 모두가 지내는 제의가 아니라 특정 집단 내지 일부 주민들에 의해 소규모 형태로 임경업 신을 위해

---

59 고마쓰 가즈히코, 앞의 책, 17쪽.

임경업 신이 모셔진 대청도 사탄동의 당집

제의를 올렸을 가능성이 크다. 여기에서 말하는 특정 집단은 당시 연평도 지역으로 이주해 온 주민이나 연평도에서 조기잡이를 시작한 일부 어민들을 말하는데, 신앙이 형성된 초기에는 아마도 이들을 중심으로 제의가 진행되었을 것이다. 당시에는 오늘날처럼 정기적으로 제의를 행하기보다는 바다로 고기를 잡으러 나가기 전이나, 집안(개인)에 좋지 않은 일이 생기면 수시로 제의를 지냈을 것으로 사료된다.

　　개인이나 특정 집단에 의해 불규칙적으로 지내던

제의는 조기의 상품성이 입증되고 조기 어업에 참여하던 주민들의 수가 증가하면서, 마을 주민의 합의를 통해 오늘날처럼 특정한 날을 잡아 정기적으로 제의를 지내기 시작했다. 이처럼 제의가 정립될 수 있었던 데에는 조선 후기에 본격적으로 행해지던 조기 어업과 관련이 있다. 특히 당시 조기 어업이 연평도 지역민에게 있어 지대한 영향을 주었다는 점을 주목해 볼 만하다. 예전부터 많이 잡히던 조기에 대한 수요가 늘어나자 어업을 중심으로 하는 연평도 주민들 대부분이 조기 어업에 참여하게 되었고, 이 과정에서 어민들을 중심으로 임경업 신께 제의를 지냈을 가능성이 높기 때문이다.

또한 조선 후기에 오면서 조기의 수요가 증가함에 따라 조기 어업이 기존의 소규모 어업에서 탈피하여 마을 주민이 함께 참여하는 어업방식으로 변화하였다는 점도 눈여겨봐야 한다. 어업방식의 변화에서는 특히 주목망·중선망[60] 등 어구의 등장을 주목해야 한다. 이 어업방식은 기존의 어전漁箭 어업과 달리 공동의 노동을 토대로 하는 어업방식인 만큼, 이 시기의 어업이 이전과 어떻게 변화되었는지를 보여 주는 단적인 증거가 된다.[61]

---

[60] 조선시대에 보이는 漁條가 中船網을 가리킨 것으로 보인다. 중선망이 18세기에 서해안에서 사용되고 있었음은 타 자료에 의하여 방증된다. 즉 승정원일기에 의하면 영조 24년(1748)의 기록에 "도내(위도)에서 捉魚하는 중선이 입선하는 곳은 어리가 있다."라고 쓰여 있다(옹진군지편찬위원회, 앞의 책, 824쪽).

[61] 이들 어구는 개별적으로 행하는 어업과 달리 마을 주민들 간의 협력이 없으면 현실적으

본격적으로 공동어업이 시작되면서, 특정 집단에 의해 진행되던 임경업 관련 제의는 마을 주민들을 중심으로 지내기 시작했다. 그리고 어느 정도 체계가 잡히면서 지역사회에서 중심적인 제의로 자리매김을 하였다. 당시 임경업을 위한 제의가 지역사회에 자리를 잡았다는 것은 조기 어업이 연평도 지역에서 보편화됐음을 의미하기도 하며, 당시의 조기 어업이 연평도 사회에 미치는 영향이 절대적이었음을 보여 주는 것이기도 하다. 특히 조기 어업이 연평도 지역의 주요 생업으로 발전해 감에 따라 이런 양상은 더욱 두드러졌을 것이다.[62] 그리고 임경업 신의 역할이 보다 강화되면서 마을 주민들은 특정 날을 잡아 해마다 정기적으로 제의를 지냈을 가능성이 농후하다.

　　　초창기 임경업 신의 제의 양상에 대해서는 정확히 알 수 없다. 하지만 오늘날 연평도 풍어제로 불리는 마을굿은 본래 매년 봄, 가을 두 차례 행해졌다. 과거에는 무녀가 마을굿을 주관하였으며, 마을 주민 전체가 마을굿을 지낸 다음에 배를 가지고 있는 선주들은 자기네 배에 가서 뱃굿을 따로 지냈다. 1950년

로 불가능한 것이다. 특히 중선을 이용할 경우는 한 척의 조기잡이 어선에 대략 7~8명의 어부들이 승선하는데, 이들 대부분은 한 지역의 주민들로 구성된다. 이런 연유로 인해 도서 지역에는 한 마을에 여러 사람이 같은 날 제사를 지내는 양상을 많이 볼 수 있다. 이는 곧 한 배를 타고 조업하는 도중에 풍랑 등으로 인해 바다에 빠져 죽는 경우가 많았기 때문이다.

62 연평도 지역의 조기잡이 어업은 음력 3월 중순부터 4월 말까지가 가장 활발하였다. 그래서 주민들은 한 달 벌어 1년 쓴다고 한다 [조○준(남·77), 2006. 3. 18. 현지 조사] .

대 초만 하더라도 사당으로 올라가는 입구에 '제장할아버지집'이라고 하여 1.5평 정도의 기와를 올린 당집 모양의 작은 건물이 있었다. 이곳은 임 장군 사당에 고사를 드리러 올라갈 때 술 한 잔으로 신고를 하던 위병소 격이었는데, 그 이후 헐리고 말았다.[63] 60~70년대 마을 제의에서 무녀가 하던 무가祝 내용을 살펴보면 다음과 같다.

> 여러 동사 모시고 몸수 곱고 운수문 열어 주고 재숫문 열어 주고 소원성취 일워 주시오, 앞바다도 열두바다 뒷바다도 열두바다 그믐칠야에 당겨도 사공임은 눈 밝게 하고 창나무 잡고 당겨도 배를 뒤로 몰아도 앞을 살피고 배를 앞으로 몰아도 뒤를 살피고 모든 광풍 제치며 어진 청풍 바꾸라, 죽은 괘기 빗대치기 상괘기 얼터잡아 이물관 고물관에 고물을 떠서 연평바다 널린 칠양은 이씨 선관에 다잡아 실게 해 주시오. 들어올 때는 명지로다. 금전으로다 본적을 지르고 명으로다 취장지르고 모래 강변에 꽃밭되게 해 주시오, 사람 잘 난 거이 어디 있습니까 돈에서 잘 났지요. 금전으로나 그물굿게 해 주시고 재산으로 잠을 자게 해 주시오.[64]

조기 어업이 활발하던 시기에는 마을 어민들이 돈

---

63 인천문화원, 앞의 책, 181쪽.
64 옹진군지편찬위원회, 앞의 책, 218쪽.

을 모아 제의를 지냈다. 제의가 활발하게 진행될 때는 제의에 쓰이는 비용을 서로 부담하려고 했으며, 제물로 큰 소를 잡아 올렸다. 임경업 신 관련 제의는 1970년대 후반까지도 매년 진행되었으나, 조기잡이 어업의 쇠퇴 등으로 잠시 중단되었고, 근래에 들어와 마을 주민들을 중심으로 다시 지내기 시작하였다.[65]

임경업이 연평도 지역의 마을신으로 모셔진 직후부터 오늘날과 같은 정기적인 제의가 이루어졌는지는 알 수 없다. 그렇지만 정기적으로 제의를 지내면서부터 임경업이 연평도 지역의 마을신으로 정립되었고, 이런 양상이 오늘날까지 지속되고 있음은 분명한 사실이다.[66]

3) 풍어 신으로서의 확신

연평도를 비롯한 여러 해안 지역에서 임경업은 오늘날까지 조기의 신으로 숭앙崇仰받고 있다. 그가 조기의 신으로 모셔질 수 있었던 데에는 "중국 갈 때 가시로 고기를 잡아서 먹은 뒤로 임 장군을 모셔야지 조구가 든대요."[67]라는 설화에서 알 수

---

65 박○문(남·70), 2006. 3. 19. 현지 조사.

66 연평도의 마을굿인 연평도 풍어제는 1986년 9월에 경기도에서 주관한 경기도민속예술경연대회에 참가하여 상을 받았다고 한다 [박○문(남·70), 2006. 3. 19. 현지 조사] .

67 주강현, 「서해안의 조기잡이와 어업생산풍습」, 『역사민속학』 1, 한국역사민속학회, 1991, 104쪽.

있듯이 그를 모시면 많은 양의 조기를 잡을 수 있다고 생각한 것과 관련이 있다. 특히 연평도 지역에서 임경업 신이 정립될 수 있었던 것은 임경업을 모시면 어업에서 많은 양의 어획고를 올릴 수 있다는 믿음이 연평도 어민들에게 널리 퍼졌기 때문이다. 이것은 곧 그를 신으로 모시면 반드시 조기를 많이 잡을 수 있다는 확신의 표현[68]으로도 볼 수 있는데, 설성경은 이에 대해 다음과 같이 언급하고 있다.

> 임경업이 조기 신으로 자리 잡은 결정적인 계기는 조기잡이에서 보여 준 지혜가 풍어를 실현시키는 위력偉力으로 숭앙되는 과정에서, 전승물도 신비적 주력담呪力談을 보태며 확장되고 부연된 것으로 판단할 수 있다. 이는 서해안 어민들이 추구하는 인간적인 염원이 그들에 의하여 임 장군의 신력이 강화되고, 그 강화의 결과로 나타나는 증강된 신력이 자신의 복덕인 해상의 안전과 풍어를 실현해 줄 수 있다고 믿기 때문이라는 한국 무교의 기본 형식을 유지하고 있다.[69]

---

68 홍태한, 「서해안 임장군 풍어전설의 의미」, 『高凰論集』 7, 경희대학교 대학원, 1990, 62쪽.

69 설성경, 「서해안 어업민속에 나타난 임장군신」, 『기전문화연구』 16, 인천교육대 기전문화연구소, 1987, 63쪽.

이런 사실을 반영하듯 오늘날까지 전해 오는 이야기들은 임경업 장군이 주민들에게 처음으로 조기 잡는 방법을 가르쳐 주었으며, 그가 가진 영험성으로 인해 그를 모시면 풍어를 가능케 해 주었다는 내용을 담고 있다. 반면 흔히 이야기하는 임경업의 억울하고 원통한 죽음에 대해서는 전혀 언급이 없다.[70]

임경업이 조기 잡는 탁월한 능력을 발휘하면서 연평도 어민들 사이에서는 그를 신으로 모시면 풍어를 올릴 수 있다는 믿음이 생겨났고, 이러한 믿음이 보다 확고해지면서 임경업은 연평도 지역민들에게 절대적인 신으로 인식되었다. 농업과 달리 어업에서의 어획량은 해마다 많은 차이가 있기 때문에 조기잡이를 주업으로 생활하던 연평도 어민들에게 실존 인물신 임경업은 절대적으로 필요한 존재였다. 특히 짧은 기간의 조기 어업이 주민들의 한 해 생계를 결정지을 만큼 중요했으므로 조기를 잡는 어민들에게 있어 임경업 신은 정말 중요했을 것이다.

조기잡이에서 뛰어난 능력을 지닌 임경업 신이 연평도 지역에서 정립될 수 있었던 또 다른 이유로는 연평도 지역에서 조기 어업이 조선 시기부터 1970년대까지 지속적으로 진행되었다는 점을 들 수 있다. 조기와 함께 조선 시기를 대표하던 청어가 한때 조기 못지않게 많이 잡혔음에도 불구하고 시대에 따라 그

---

70 이용범, 「한국 무속의 神觀에 대한 연구 −서울 지역 재수굿을 중심으로−」, 서울대학교 박사학위논문, 2001, 138쪽.

어획량의 변동이 매우 심하였던 반면,[71] 조기 어업은 큰 변화 없이 오랜 기간 지속되었다.[72]

그렇다고 해서 임경업이 이 지역에서 신으로 정립될 수 있었던 이유가 그를 모시면 반드시 풍어를 올릴 수 있다는 믿음 때문만은 아닐 것이다. 임경업 신은 풍어 이외에도, 조기잡이 어업 전반을 관여하는 신으로서의 역할과 기능을 담당했던 점도 무시할 수 없다. 실제로 조기 어업이 확대되는 과정에서 임경업 신은 조기잡이 어선들의 항해 안전과 생산 활동에서 일어날 수 있는 다양한 사고까지도 관여하였다. 이는 임경업 신이 마을을 수호하는 기능을 지니고 있긴 하나, 조기잡이는 물론 어업 전반을 관여하는 생업신生業神[73]으로서의 역할도 담당하고 있음을 보여 주는

---

71 청어 자원은 역사적으로 볼 때 그 변동이 심하였다. 청어가 조선시대 초기부터 서·남·동해안에서 모두 어획되고 있었던 것은 초기의 지리서들에서 본 바와 같으나 조선 전기부터 청어 자원에는 盛衰의 변동이 있었던 것 같다. 중종 6년(1511년) 부안 현감 김개의 상소에, '부안현 서해의 猬島에는 자고로 청어가 다산했으나, 乙丑 이후 즉 1505년 이후에는 청어가 산출되지 않고 있다.'라고 하는 것이 그 일례이다. 『지봉유설』에도 청어는 매년 봄에 우리나라 서남해에서 다산했는데 선조 3년(1570) 이후부터 없어지고 산출되지 않는다고 기록되어 있다(박구병, 『한국어업사』, 정음사, 1975, 82쪽).

72 박구병은 '조기는 서해안을 대표하는 것이었고 그 자원은 조선시대 전반을 통하여 안정적이었다.'라고 언급하였다(박구병, 「한반도 연근해 수산자원 상태에 대한 사적연구」, 『경제사학』 5, 경제사학회, 1981, 287쪽).

73 生業神은 기존의 生産神과는 다른 개념으로 이해해야 한다. 생산신이 풍농과 풍어를 관장하는 신이라면, 생업신은 좀 더 포괄적인 개념으로 풍어와 풍농은 물론 생업 전반을 관여하는 신으로 보아야 할 것이다. 즉 생업 활동에서 일어날 수 있는 사고까지도 관여하는 신으로 정리할 수 있다. 생업신의 사례는 조기의 신 임경업 이외에도, 중국에서

것이다. 오늘날 서해안의 여러 지역 주민들은 임경업을 풍어 이외에 해상을 장악하는 신으로도 인식하고 있다.

> 고기 잡으러 다니는 사람들은 임 장군께 기도를 하면 모두 것을
> 도와주죠. 정성 드리면 고기도 많이 잡게 해 주고, 파도가 높을 때
> 는 파도도 가라앉게 해 주죠. 특히 파도가 험할 때는 파도를 잔잔
> 하게 해 주죠.[74]

이 밖에 연평도 지역에서 임경업이 신으로 정립될 수 있었던 데에는 임경업 신의 영험성이 입증되었다는 점과 함께, 지역민들의 요구와 지역적 상황에 맞게 그의 기능과 역할이 확대되었던 점을 들 수 있다. 임경업이 지역민들의 요구에 의해 신으로 형성되었다 하더라도 지역민들의 또 다른 요구에 부응하지 못하면 지역사회에서 결코 신으로 정립될 수 없었을 것이다.[75] 오늘날까지 임경업 신이 서해안 일대에서 전승될 수 있었던 연유도 임

모시고 있는 신 가운데에서 양잠업을 관여하는 蠶神이 있다. 중국에서의 양잠업과 관련된 신은 '馬頭娘'이다(陶雪迎, 「蠶神 信仰 중의 馬頭娘 신앙」, 『아세아 각의 마 문화 및 동물민속』, 제3회 국제아세아민속학회 학술대회 발표집, 1993, 289쪽).

74 이○비(여·81), 2006. 2. 23. 현지 조사.

75 이러한 모습은 앞서 소개한 영월 지역 일대에서 여러 형태의 신으로 모셔지고 있는 단종의 경우에서도 확인할 수 있다. 단종이 영월 지역 일대의 마을신으로 형성됐다 하더라도 그의 신앙이 지역 주민에게 또 다른 기능과 영험성을 보여 주지 못했다면 그의 신앙은 유지되지 못했을 것이다(김효경, 「단종의 신격화 과정과 그 의미」, 『민속학연구』 5, 국립민속박물관, 1998, 273쪽).

경업 신격이 지닌 영험성이 현재까지도 주민들에게 필요하기 때문이다. 물론 임경업 신이 연평도 주민에게 보여 준 영험성이 어떤 모습이었는지에 대해서는 정확하게 알 수 없다. 하지만 그가 연평도 주민들에게 보여 준 일련의 사건들은 임경업 신앙이 지역사회에서 지속하는 데 있어 적지 않은 영향을 준 것만은 사실이다. 이를 잘 보여 주는 하나의 사건이 있었는데, 그 내용은 다음과 같다.

> 8·15 해방이 되면서 이 지역(연평도)에서 동부방파제 공사가 있었다. 이 공사를 진행하는 과정에서 석재를 사용하기 위해 삼형제 바위를 폭발하였는데, 이 일이 있은 뒤로 공사현장에서 사고가 연속되었다. 그러자 공사관계자들은 연평도 무당에게 점을 쳐보기로 했는데 무당의 점괘는 다름 아니고 임경업 장군 첩의 혼신이 이르기를 "이 바위를 때려 없애면 적어도 세 사람이 죽게 될 것이다."라고 하여 부랴부랴 굿을 하였다고 한다. 이미 사고가 난 후였지만 굿을 한 뒤부터 이 공사가 끝날 때까지 큰 사고가 없었다고 전한다.[76]

이 장에서 살펴보았듯이 신으로서의 자격을 지닌 임경업은 연평도 지역에 선택·수용된 이후 이 지역의 마을신으로

---

76 옹진군지편찬위원회, 앞의 책, 229쪽.

형성·정립단계를 거쳐 오늘날까지 전승되고 있다. 임경업이 연평도 지역의 신으로 선택·수용될 수 있었던 데에는 살아생전에 임경업이 연평도 지역과 연관성을 지니고 있었던 점과 함께 그가 지역사회에 미친 업적, 그리고 평소 어민들과 밀접한 교류가 있었기 때문임을 알 수 있었다.

연평도 주민들에게 선택·수용된 임경업 신은 당시 연평도 지역사회의 변화로 인해 지역의 신으로 형성될 수 있었다. 당시의 변화양상은 시대의 변화에 따라 유입 인구수가 증가되었다는 점과, 생업 환경의 변화로 인해 연평도 지역에서 본격적으로 조기 어업이 시작되었다는 점이다. 이 과정에서 주민들은 기존과 다른 새롭고 강력한 신을 찾았는데, 연평도 주민들은 지역과 긴밀한 관계를 맺고 있었던 임경업이라는 인물을 그들의 신으로 모시게 된 것이다.

연평도 지역의 신으로 모셔지기 시작한 임경업은 충민사라는 제의 공간을 확보하고, 주민들이 그를 위해 정기적으로 제의를 지내면서 비로소 마을신으로 정립될 수 있었다. 그리고 조기 어업의 활성화로 임경업을 신으로 모시면 반드시 많은 양의 조기를 잡을 수 있다는 믿음이 주민들에게 널리 퍼지면서 임경업 신은 오늘날까지도 서해안 여러 지역에서 모셔지고 있는 것이다.

• 실존 인물신의 신앙적 특징

       앞서 살펴본 바와 같이 우리가 모시고 있는 신의 종류는 매우 다양하다. 자연신을 비롯해 인물신(허구·실존 인물신), 그리고 자연신과 인물신의 중간적 성격을 지닌 신 등 지역에 따라 여러 신들이 존재한다.

       이 장은 여타 신들과 비교하여 실존 인물신이 지닌 신앙적 특징에 대해 알아보고자 한다. 어떠한 관점에서 살펴보느냐에 따라 달라질 수 있겠지만 이 글을 작성하는 과정에서 파악할 수 있었던 몇 가지 특징을 소개하고자 한다.

1. 지역성

실존 인물신에서 보이는 특징 중에 하나는 실존 인물과 특정 지역이 밀접하게 관련되어 있다는 점이다. 이는 여러 지역에서 모셔져 있는 다양한 인물신을 통해 확인할 수 있다. 유배지인 영월에 모셔져 있는 단종, 강원도 주문진 성황에 모셔진 정우복, 몽진지蒙塵地인 안동에 모셔진 공민왕, 곡성의 성황신으로 모셔져 있는 신숭겸 등이 대표적인 실존 인물신이다.

여러 지역에서는 우리에게 잘 알려진 인물 이외에도 자기 지역과 관련된 인물을 마을신으로 모시고 있다. 이들 신 가운데에는 도서 지역에서 빈번히 볼 수 있는 입도조入島祖[1]의 경우처럼 뚜렷한 인물이 신으로 모셔진 경우도 있지만, 그렇지 않은 경우도 흔히 볼 수 있다. 가령 '○○입도할아버지·할머니'가 신으로 모신 경우가 후자에 해당한다. 전자의 경우는 고군산도 말도에 있는 영신당에서 확인할 수 있는데, 영신당에 모셔진 당신堂神은

---

1 대다수의 섬 주민들은 그들의 섬에 처음 들어온 사람을 '입도조'라 부르는데, 섬주민들은 입도조를 섬의 개척자·발견자·최초 이주민으로 믿고 있다. 그런데 이들 입도조의 생존 연대는 17세기를 전후한 시기로, 현 주민들로부터 10~15대조 정도의 선조가 일반적이다. 그러나 전제한 것처럼 입도조라 불리는 사람들보다 훨씬 이전에도 섬에는 주민들이 살고 있었을 가능성이 크다. 어떤 면에서 보면 오히려 조선 후기보다도 살기 좋은 환경(산업구조나 생업수단, 혹은 관권의 개입 면에서)이었던 그 이전의 시대에 더욱 많은 주민들이 섬에 살고 있었을 것으로 보인다(李海濬, 「신안 도서지방의 역사문화적 성격」, 『도서문화』 7, 목포대학교 도서문화연구소, 1989, 57~68쪽).

이 섬에 처음으로 입도한 심판서沈判書이다.[2]

　　　김효경은 각 지역에서 신으로 모셔진 인물들을 자세히 들여다보면, 그들은 신격화 과정에서 그 마을과 서로 긴밀한 관계를 맺고 있다고 언급한 바 있다. 그녀의 연구에 따르면, 실제로 마을괴의 연관성이 찾아지는 경우도 있지만, 그렇지 않은 경우도 적지 않다. 연관성을 찾지 못할 경우 신앙민들은 신령과 일정한 관련이 있다고 믿는데, 실제로 비역사적인 사실 혹은 현재로서 확인되지 않는 사실을 자신의 마을에서 일어난 일인 것처럼 인식하는 경우가 있다. 지역 연고성을 강조하는 관념은 곧 지역에 특정 신령을 봉안하는 계기를 마련하기도 한다. 이는 곧 자기들이 모시는 인물신을 그러한 역사적인 사실에 바탕을 두고자 하는 신앙민들의 의지이기도 하다. 그리고 역사에 대한 관심은 결국 막연한 자연신에 대한 숭배에서 구체적인 인물들에 대한 숭배로 변화되어 가는 토대가 된다.[3]

　　　실존 인물신이 지역사회와 연관성을 갖고 있는 이유는 무엇보다도 이들을 신으로 모시고 있는 토대가 바로 지역이기 때문이다. 특히 실존 인물신을 누구보다 잘 아는 지역민들은 그러한 실존 인물을 신으로 모시고자 노력하였다. 그리고 이 과정에서 지역민들은 이름이 있거나 뛰어난 능력을 지닌 실존 인물을

2　한상복·전경수, 『한국의 낙도민속지』, 집문당, 1992, 212쪽.
3　김효경, 「한국 마을신앙의 인물신 연구」, 충남대학교 석사학위논문, 1998, 76쪽.

신으로 모시고자 했을 것이다.

　　　여러 지역에 모셔진 실존 인물신에게서 이러한 특징이 보이는 이유는 이들을 신앙 대상으로 모시는 주체가 마을 단위라는 점도 있겠지만, 앞서도 살펴보았듯이 실존 인물신이 이들 지역과 어떤 식으로든지 관련성을 맺고 있기 때문이다. 여기에서 말하는 지역과의 관련성은 단순히 실존 인물이 특정 지역에서 태어나고 자랐다는 점뿐만 아니라, 실존 인물이 지역사회 혹은 지역 주민에게 남긴 업적도 중요하다. 지역사회에 미친 업적은 비교적 긍정적인 측면을 이야기하는데, 주로 특정 인물이 지역사회에서 큰 공을 세웠거나 지역민들에게 모범적인 행동을 했던 점 등을 말한다. 실제로 이런 모습은 여러 실존 인물신에서 확인할 수 있다. 강릉 주문진에 모셔진 정우복의 경우도 강릉부사로 부임을 와서 지역의 학문장려와 선정을 베풀었다.

　　　실존 인물이 특정 지역과의 연관성으로 인해 훗날 마을신으로 모셔진 사례는 우리나라에서만 찾을 수 있는 것은 아니다. 우리와 인접한 중국·일본에서도 그 지역과 관련이 있는 실존 인물이 마을의 신으로 모셔진 경우가 많다. 중국의 경우는 해안 지역에 모셔진 마조가 대표적인 경우인데, 바다와 관련이 있어 항해자들이 사후에 그를 신으로 모셨다.[4]

4　김인희, 「한·중 해신신앙의 성격과 전파 −마조신앙을 중심으로−」, 『한국민속학』 33, 한국민속학회, 2001, 75~76쪽 참조.

그런데 실존 인물신의 지역성 문제는 지역과의 연관성 이외에 또 다른 부분을 고려해야 한다. 그중에서도 앞서 언급한 실존 인물이 지역사회에 미친 공로 혹은 업적 등이 중요하다. 이 점은 특히 살아서 훌륭한 일을 한 사람은 죽어서도 그러한 일을 할 수 있다고 믿는 신앙에서 출발한 것으로 볼 수 있다.[5] 그래서 실존 인물은 지역의 신격으로 자리 잡아 가면서 마을 수호 등의 초능력을 발휘한다. 동양의 여러 나라나 미국의 인디언 마을에 이르기까지 위대한 장군이나 마을을 지킨 투사鬪士가 훗날 마을의 수호신이 되는 경우가 바로 그런 사례이다. 이 밖에 홍수나 화재 등 재앙으로부터 마을을 구해낸 사람이 그 마을의 수호신이 된 경우 등은 동서양 할 것 없이 나타나는 현상이다.[6]

일본에서는 이런 유형의 신들이 지역에 널리 퍼져 있는데, 대표적인 인물로 나카라카와長良川의 히라타 유키에平田靭負를 들 수 있다. 그가 이 지역의 신으로 모셔질 수 있었던 것은 1700년대 치수공사의 총 책임자로 있으면서 부채 등으로 어려운 시기를 겪었을 당시, 모든 책임이 자신에게 있다고 엎드려 빌면서 할복으로 비장한 최후를 맞이했다는 사실과 관련 있다.[7]

실존 인물이 특정 지역과 관련성을 가지고 있다는

---

5 최길성, 『한국민간신앙의 연구』, 계명대학교출판부, 1989, 202쪽.
6 강남주, 「실존인물의 신격화 과정」, 『비교민속학』 11, 비교민속학회, 1994, 106쪽.
7 위의 논문, 104쪽.

점과 함께 그가 지역사회에 큰 공헌을 했다는 점이 그의 신격화 배경에 있어 중요한 영향을 미칠 수 있었던 것은 신앙을 영위하고 전승시켜 나가는 주체가 바로 지역민이기 때문이다. 그리고 실존 인물이 지니고 있는 영험성과 영적인 능력이 지역민들의 삶에 있어 반드시 필요하다는 점도 실존 인물이 특정 지역의 신으로 모셔지는 과정에서 중요한 요인으로 작용하였다.[8]

실존 인물신에게서 이러한 특징이 보이는 것은 역사 속의 실존 인물이 위업을 남겼을 때, 그로 인해서 혜택을 받고 있는 사람들의 마음속에 그 위업의 영향이 오래 지속되고 있기 때문이다. 또한 그러한 실존 인물을 계속해서 추모하고자 하는 염원이 자리 잡은 것과도 관련이 있다.

실존 인물신이 특정 지역과 관련된 또 다른 이유는 지역민들이 실존 인물신을 직접 선택하기 때문이다. 그런데 지역민들이 신을 선택하는 과정에서 중요하게 생각했던 것 중에 하나는 명성이 높은 인물이었다. 그런 연유로 지역과 관련이 없는 명성 높은 인물이 지역의 신으로 모셔지거나, 특정 인물이 여러 지역에서 신으로 모셔진 경우가 생겼난 것이다. 후자의 경우는 최영신이 대표적인 예라 할 수 있는데, 최영 신은 황해도의 덕물산을

---

8 이런 내용과 유사한 인물이 바로 해안 지역에 모셔진 임경업인데, 그가 서해안 지역에서 신으로 모셔질 수 있었던 까닭은 이 지역의 조기잡이에 있어 뛰어난 능력을 지니고 있었기 때문이다.

비롯해 남해안 일대까지 널리 분포되어 있다.

　　　　이상의 내용을 종합해 보면 실존 인물이 신으로 모셔질 수 있었던 데에는 지역민들과 인물신의 밀접한 관계가 무엇보다 중요함을 알 수 있다. 그러한 관계 속에서는 특정 인물과 지역시회의 관련성 못지않게 그가 지역사회에 미친 공헌과 업적도 일정 부분 영향을 준 것으로 보인다. 실제로 실존 인물신이 지역과 긴밀한 관계를 유지하고 있다는 사실은 다음 표를 통해 구체적으로 확인할 수 있다.[9]

9　이 표는 연구 과정에서 기존의 연구와 필자가 수집한 자료를 토대로 정리한 것임.

인물	시기	신분	죽음	신앙분포지역	영험성	신원여부	지역성	생업과의 관련성	기타
단종	조선전기	임금	사형	영월일대 정선 제천	기우 마을수호 무당의몸주	신원됨 (1698)	유배지(영월)	농업 (일부지역) 과 관련	마을굿 무당의몸주 산신 국가치제
남이	조선전기	장군	사형 (유자광의 계략)	서울 용문동	마을수호 귀신퇴치	신원됨 (1818)	出陳 전에 병사들을 훈련시킴 (용문동)		용문동에서만 나타남
최영	고려후기	장군	이성계에 의한누명	덕물산 중부지역 남해안일대	무당의몸주 마을수호 등		지역에 따라 다양함	농업, 어업등	추자도에서는 생업신적성격
임경업	조기중기	장군	사형 (김자겸의 계략)	내륙-낙안, 충주, 파주 해안-서해안 일대	조기잡이 마을수호	신원됨 (1697)	군수(낙안) 항해 도중 지나침(연평도)	조기어업	서해안일대집중분포
전횡	제나라	장군		외연도 어청도	마을수호		피신지		중국인
송징	통일신라	장군		완도 일대	마을수호		활동무대		장보고로 추정
정우복	조선후기	유생		주문진	마을수호		강릉부사		진이와의 결합
손돌	고려후기	사공	누명을 쓰고 처형을 당함	강화도	죽은 날이면 강풍과 추위를 몰고옴		강화도와 경기도 일대에서 손돌고 사로알려짐		원혼굿(매년 일정한 시기가 되면 굿을 함)

〈우리나라에 모셔진 대표적인 실존 인물신〉

2. 구체성

실존 인물신이 지닌 또 다른 신앙적 특징 중에 하나는 구체성具體性이다. 여기에서 말하는 구체성은 자연신에 있어서 신앙의 대상물이 바위와 나무 같은 자연물인 반면, 실존 인물신은 비교적 구체적인 이유로 신으로 모셔지고 있다는 것[10]이다. 실제로 실존 인물이 신으로 모셔지게 된 연유를 보면 자연신과 달리 매우 구체적임을 알 수 있다.

신앙을 영위하는 집단에게 있어 실존 인물신은 막연한 신앙의 대상이 아닌, 한 시대를 살았던 실존 인물이다. 이러한 인물이 신으로 모셔질 수 있었던 연유는 그의 영험성과 특별한 능력이 신앙민들에게 필요로 했기 때문이다. 자연물에 의탁하여 막연히 기원하는 차원에서 벗어나 종교 집단에게 필요한 무언가를 구체적으로 해결할 수 있는 능력을 지닌 실존 인물신은 여러 가지 면에서 기존의 신과 많은 차이가 있다.

실존 인물신이 여타의 신과 달리 구체성을 지니고 있다는 점은 여러 실존 인물신에게서 확인된다. 중국과 동남아 일대에 널리 분포된 마조신앙의 경우만 보더라도, 그가 이 일대의 해상신으로 모셔질 수 있었던 것은 소녀 시절부터 곤경에 처한 많

---

10 이용범은 무속신을 대상으로 할 때, 영역신보다 인물신이 상대적으로 인간과 더 밀접한 관계를 가지고 있고 그만큼 큰 영향력을 발휘한다고 언급하였다(이용범, 「한국 무속에 나타난 신의 유형과 성격」, 『민속학연구』 13, 국립민속박물관, 2003, 230쪽).

마카오의 마조묘에서 마조신께 기도를 드리는 모습

은 어민과 상선들을 구했고 결국 사람을 구하다 불행하게 사망했다는 사실과 관련이 있다. 전하는 바에 따르면 임묵낭(마조)은 죽은 후에도 파도가 치는 바다에 나타나 위험이나 곤경에 처한 사람들을 구하고 바다를 다스려 항해를 보호했다고 한다. 이로 인하여 그녀는 사람들로부터 공경을 받았고 마조라고 불리게 되었

으며, 점차 '해양의 여신'으로 자리를 잡았다.[11]

마조신의 사례만을 놓고 보더라도 산신 등의 자연신은 포괄적이고 추상적인 성격을 지닌 반면에, 실존 인물신은 탁월한 능력을 지닌 이유 때문에 신으로 모셔졌음을 알 수 있다. 자연신에 비해 실존 인물신은 한 시대를 살았던 사람이고, 그가 살아 있는 동안에 보여 준 구체적 행동이나 뛰어난 업적, 그리고 신비로운 모습이 종교 집단에게 있어 어느 정도의 공감대를 형성했다는 것이다. 특히 신앙민들은 사람의 능력이 사후에까지 영향을 미치는 것으로 보았는데, 그들은 비범한 능력을 지닌 사람은 죽어도 그가 보여 준 능력을 충분히 발휘할 수 있다고 생각하였다.

이러한 흔적은 중국의 종교사에서 쉽게 찾아볼 수 있다. 중국의 종교사를 자세히 들여다보면 진한 이전의 신은 비교적 추상적인 성격이 강하였다. 중국 은殷나라에서는 최고의 신이 상제上帝이고, 주周나라에서는 천天이 대표적인 신이었는데, 특히 진한 바로 전 시기인 주나라의 천에 대한 관념화와 추상화 경향은 후기로 갈수록 심해졌다. 그러나 진한 이후 유교에 입각한 국가 종교의 체계가 확립되면서 인간의 본원적인 욕구를 근간으로 하는 종교는 민간의 영역에서 새로운 활로를 찾았다. 그것은 바로 불교와 도교라는 새로운 종교인데, 기존의 종교와 달리 두 종교

---

11 정준, 「중국의 마조(媽祖)신앙과 관음신앙」, 『동아시아의 해양신앙과 해신 장보고』, 목포대학교 도서문화연구소 국제학술대회 발표집, 2005, 66쪽.

의 신들은 신이 되기 전에 모두 인간이었다. 물론 이 두 종교에서 모셔진 신들은 형이상학적이고 고고한 어떠한 정신의 실체도 아니며, 절대적인 우주만물의 창조자나 지배자도 아니다.

　　　　그리고 중국 신화에서도 이러한 양상을 찾을 수 있다. 중국에서는 자연신의 서사가 신의 타고난 권위와 힘을 입증하는 데 초점이 맞춰져 있다면 실존 인물신에 대한 서사는 그들의 성공담과 삶의 실제성을 입증하는 데 초점이 맞춰져 있다. 아마도 중국의 신앙체계가 후대로 갈수록 자연신의 퇴조, 인물신의 강세 추세로 변화하면서 종교의 서사도 이에 맞게 변한 것으로 보인다.[12]

　　　　중국의 종교사적인 측면에서도 알 수 있듯이 자연신은 추상적인 개념이 주가 되었다면 실존 인물신은 한 인물에 대한 삶의 실제성이 무엇보다 중요하다. 신앙의 변화양상을 이해하는 데 있어 이는 무척 중요한데, 그 이유는 이 무렵에 오면서 신에 대한 인식이 확연하게 달라졌을 가능성이 높기 때문이다.

　　　　이러한 종교적 사고관의 변화는 유교적인 사고가 등장하고 국가의 종교체계가 확립되었기에 가능했던 것만은 아니다. 앞서 소개한 바와 같이 실존 인물신이 등장하게 된 연유는 인간의 사고 발달과도 관련이 있다. 실존 인물신이 등장하기 이전까지만

---

12 박지현, 「玉皇 및 閻羅 신앙의 형성과 이야기의 역할」, 『중국문학』 39, 한국중국어문학회, 2003, 109~112쪽 요약.

산신당의 모습

하더라도 인간은 자연신을 절대적인 존재로 여겼지만, 인간 스스로가 자연의 여러 현상에 대해 이해하고 극복하면서 보다 구체적인 신이 필요하였던 것이다. 이러한 신들의 변화 흔적은 산신신앙의 성격 변화를 통해 엿볼 수 있다. 본래 자연적 속성이 강한 산신은 신에 대한 관념이 인간 중심으로 바뀌면서 인간적 속성을 지닌 신으로 변하였다. 이런 점에서 보면, 추상적인 신격이 보다 구체적인 인물신으로 변화하는 과정은 일정 부분 산신과 유사하다.

　　실존 인물신의 특징이라 할 수 있는 구체성은 인물

신의 신격화 과정에서도 엿볼 수 있다. 대표적인 사례가 바로 임경업 신이다. 그가 연평도 지역에서 신으로 모셔질 수 있었던 결정적인 요인 중에 하나가 그가 조기를 잡는 데 있어 탁월한 능력을 지녔을 뿐만 아니라 연평도 주민들에게 조기 잡는 방법을 알려주었기 때문이다.[13]

　　　　여기에서 알 수 있는 것은 자연신은 추상적인 개념이 주가 되었다면 실존 인물의 신격화 과정에서는 한 인물에 대한 삶의 실체성이 무엇보다 중요하였다. 그래서 인간은 후대로 오면서 자연신과는 다른 구체적인 신, 달리 말하자면 허구적인 형태의 신이 아닌, 그들과 밀접하게 연관된 실존 인물을 신으로 모시고자 했던 것이다.[14]

---

13 주강현은 임경업 신앙이 서해안 지역에서 등장할 수 있었던 것은 기존의 자연신적 대상보다는 어업 생산력이 보다 확대되는 과정에서 주민들에게 더 강력한 신앙이 요구되었기 때문으로 보고 있다. 그러면서 그는 초기에는 자연신과의 공생을 기하다가 차츰 인물신인 임 장군이 우위를 차지하게 된 것이라 언급하고 있다(주강현, 「서해안 조기잡이와 어업생산풍습」, 『역사민속학』 1, 한국역사민속학회, 1991, 96쪽).

14 설성경은 임경업 신격이 필요하게 된 연유를 거센 파도 속에서 어민들의 안전을 위해 용왕제 형태의 전통방식보다는 구체적인 인격신이 그들에게 새로운 신격화로 대치되었기 때문으로 보고 있다(설성경, 「서해안 어업민속에 나타난 임장군신」, 『기전문화연구』 16, 인천교육대 기전문화연구소, 1987, 62쪽).

3. 선신적善神的 성격

　여러 지역의 실존 인물신을 살펴보면 그들은 악신惡神적인 모습보다는 선신善神으로서의 성격이 강함을 알 수 있다. 그리고 실존 인물신에서 볼 수 있는 선신적 성격은 실존 인물신에 따라 다양한 양상을 지닌다. 앞서 지역성에서도 살펴보았듯이 지역민에게 선정善政을 베푼 관리나 장군, 그리고 지역사회에 여러 가지 업적을 남겼던 인물이 주로 신앙의 대상으로 모셔졌다는 점이 그것이다. 신으로 모셔진 실존 인물이 지역사회에 미친 업적은 실존 인물신에 따라 다양한 형태로 나타난다. 일본의 나카라카와岐阜縣에서 치수의 신으로 모시고 있는 히라타 유키에平田靭負가 이 지역에서 신으로 모셔질 수 있었던 이유는 그가 살아 있는 동안 몸을 헌신하면서까지 지역의 홍수 피해를 줄이기 위해 노력하였고, 결국 이 마을은 홍수 피해를 줄일 수 있었기 때문이다.[15]

---

15 나카라카와 마을은 홍수로 많은 피해를 입은 지역인 탓에, 1608년 마을에서 제방공사를 하게 되었다. 이 공사는 마을의 사활이 걸린 사업임에도 불구하고 경제적으로나 공사 규모 면에서 대단히 어려운 공사였다. 이 어려운 공사의 총책임자로 히라타 유키에가 임명되었다. 그러나 그가 공사를 맡았음에도 공사는 현지노동자와 농민들 간의 갈등, 자금 부족 등 많은 어려움에 직면하게 되었다. 결국 이러한 문제로 인해 할복사살자가 늘어났고 마을은 엄청난 액수의 빚을 지게 되었는데, 여기에 다른 막부의 음모와 힐책으로 공사는 더더욱 어렵게 되었다. 그런 과정에서 상황을 견디기 어려웠던 유키에는 끝내 죽고 말았다(할복사살, 자살 등 설은 많으나 할복사살을 했다). 이러한 어려운 환경에서도 결국 이 제방공사는 끝이 났고, 마을은 홍수 피해를 줄일 수 있었다. 그리고 그는 죽은 뒤에 평전의사, 또는 살마의사로 불리게 되었다. 또한 그의 죽음이 할복으로 이루어졌기 때문에 주민들에 의해 추앙을 받게 되었다. 그리고 그가 죽은 뒤에 그를 위한 노래가 생겨났

실존 인물신이 선신적인 성격을 지니고 있는 두 번째 이유는 신으로 모셔진 실존 인물 대부분이 일반인 혹은 특정 집단에게 있어 존경을 받았던 인물이라는 점에서 찾을 수 있다. 존경의 대상이라 함은 평소 특정 인물이 신앙민에게 보여 준 모습에서 확인할 수 있다. 이들은 비교적 모범적인 삶을 살았는데, 이런 행동이 신앙민들로부터 공감을 얻었기 때문에 훗날 신으로 모셔지게 된 것이다.

실존 인물신이 선신적 성격이 강한 사실은 중국인들이 생각하는 자연신과 인물신의 비교를 통해서도 엿볼 수 있다. 중국인들은 자연신을 자비심보다 혹독함을 가지는 경우가 많은 신으로 인식하고 있는데, 그 이유는 다음에 소개할 자연신의 특징과 관련이 있다. 중국인들은 평소 자연신은 인간의 삶을 풍요롭게 해 주는 고마운 존재로 생각하지만, 때로는 감당하기 힘든 엄청난 고통을 안겨 주는 두려운 존재로도 인식한다. 이런 연유로 중국의 은인(殷人)들은 자신들에게 호의적일 수밖에 없는 조상신의 범주를 별도로 설정하고 신앙적으로 중시했으며, 후대로 갈수록 조상신에 대한 제사의 비중을 높였다.[16]

비록 중국의 사례이긴 하나, 자연신과 달리 실존 인

고, 사람들은 그를 숭모하였다. 마을 사람들은 지역 발전에 목숨을 걸고 공헌한 사람이기 때문에 그를 존경한다고 하였다(강남주, 앞의 논문, 107~108쪽).

16 박지현, 앞의 논문, 108쪽 요약.

물신은 마을을 수호하거나 외부로부터 나쁜 액을 막아 주기도 한다. 이런 양상은 우리의 경우도 마찬가지이다. 영월 지역에서 마을신으로 모시고 있는 단종 신은 기우祈雨에 효험을 나타내기도 하고, 17세기 중반에는 재이災異를 소멸시키는 데 있어서도 뛰어난 능력을 지니고 있었다.[17]

　　　　이런 관점은 인간의 본성과도 일정 부분 관련이 있다. 평소 인간들은 신이 주는 복보다도 화에 더 민감하다. 이로 인해 인간은 세상의 뜻하지 않은 재앙이 어디에서 오며, 이를 피하기 위해 무엇에 의지해야 하는지 분명하게 제시되지 않는 상황에서는 새로운 종교적 돌파구를 찾았다.[18] 특히 고대사회에서는 화를 피하고 복을 빌며 영생불사를 추구하는 인간의 욕망과 결부하여 새로운 측면에서 돌파구를 찾게 되는데, 이 과정에서 등장한 대표적인 종교가 바로 산 사람을 신으로 모시는 불교와 도교이다. 불교와 도교가 등장하였다는 사실은 이 무렵에 오면서 신앙체계가 자연신에서 인물신으로 변화했음을 간접적으로 보여 준다. 그리고 이러한 실존 인물신이 자연스럽게 종교 현상으로 받아들여지면서 생전에 위대한 업적을 남긴 사람들이 사후에 신으

---

17 김효경, 「단종의 신격화 과정과 그 의미」, 『민속학연구』 5, 국립민속박물관, 1998, 273쪽.

18 박지현, 「전통시기 중국의 귀신신앙과 귀신이야기 ―『太平廣記』鬼部에 나타나는 신앙의 서사와 탈신앙의 서사―」, 서울대학교 박사학위논문, 2004, 30쪽.

로 모셔지게 된 것이다.[19]

       그런데 실존 인물신이 선신적 성격이 강하다는 사실은 다른 면에서 볼 때 동양적 심상과 일치한다. 그리고 이 사고는 인간의 신에 대한 원형적 심상과도 일치한다. 특히 동양에서 보이는 산신이나 지신 또는 수신水神,海神 포함은 어느 것 할 것 없이 귀신이 아닌 경우, 대다수가 선한 이미지를 갖고 있다. 이는 귀鬼에 대한 이미지가 악惡이라는 것과 비교해 볼 때 매우 대조적이다. 또한 이러한 신은 일반적으로 한 지역의 초월적 주재자로서 그 지역을 관할하면서 초능력으로 악을 물리치는 등 수호신의 역할을 하기도 한다. 그리고 다산과 풍요를 관장하면서 인간에게 도움을 주는 신들도 허다하다.[20]

       우리가 흔히 이야기하는 귀신鬼神이라는 용어는 귀鬼와 신神의 합성어이다. 이 두 단어 귀와 신은 악과 선으로 구분되는데, 한 평생을 살다가 죽은 인간은 사후에 이 두 가지로 나누어진다. 인간이 사후에 두 가지 갈래로 구분되는 데에는 여러 가지 내용이 복합적으로 작용한다. 하지만 이 과정에서 무엇보다 중요한 것은 인간에게 해를 끼치느냐 그렇지 않느냐 하는 점이다. 이런 검증의 과정을 거쳐 결국 귀에 해당하는 인간신은 악신에 해당되어 공식적으로 제사를 받을 수 없지만, 신으로 승화된 인물

---

19 위의 논문, 32쪽.
20 강남주, 앞의 논문, 106~107쪽.

신은 지역의 신으로 모셔져 정기적으로 제사를 받을 수 있게 된다. 정기적인 제사를 받은 실존 인물신은 특정한 능력을 발휘하여 때론 지역민들을 배고픔에서 구휼해 주기도 하며, 비가 오면 비가 내리지 않게도 해 준다. 이런 내용을 보더라도 실존 인물이 신으로 모셔지기 위해서는 지역사회에 좋은 영향을 주는 일이 무엇보다도 중요하다는 사실을 재차 확인할 수 있다.

　　우리가 살고 있는 이 지구상에는 여러 신들이 있다. 이들 중에는 우리와 같이 한 시대를 살았던 인물이 신으로 모셔진 경우가 있는데, 이러한 신이 바로 실존 인물신이다. 이 글은 실존 인물신의 등장 배경과 유형 등을 종합적인 관점에서 분석한 연구이다. 실존 인물신에 관한 기존의 연구가 피상적인 수준에 머물러 있다는 점에서 이 글은 추후 이 분야의 연구가 활성화될 수 있는 토대를 마련하기 위한 기초 자료를 제공하려는 목적도 포함되어 있다. 이러한 목적 하에 시도된 본 연구는 신앙 대상의 변화 과정, 실존 인물신의 등장 배경과 유형, 그리고 실존 인물신의 신격화 요인과 과정, 마지막으로 실존 인물신의 신앙적 특징을 살펴보았다. 그리고 이들 주제에 맞게 각 장에서는 세부적인 내용을 다루었는데, 각 장에서 살펴본 내용을 간략하게 요약하면 다음과 같다.

　　본격적인 논의에 앞서 살펴본 신앙 대상의 변화 과정에서는 신앙 대상이 자연신에서 인물신으로 변해가는 일련의 과정을 정리하였다. 우리가 알고 있는 신앙 대상은 그 종류가 다양하지만 큰 틀에서 보면, 본래 나무와 바위 같은 자연신이 지배하였으나 후대로 오면서 인물신이 등장했다는 사실을 알 수 있다. 인물신은 다시 허구적인 인물신과 실존 인물신으로 나눠지는데, 이 글에서 집중적으로 다루고 있는 실존 인물신은 허구적인 인물신에 비해 후대에 등장했을 가능성이 높다. 여기에서 언급하고 있는 허구적인 인물신은 염라대왕과 단군 등이 해당되며, 실존 인물신은 최영·남이·관우 장군처럼 한 시대를 살았던 역사적 인물이 해당된다. 물론 자연신과 인물신의 중간에는 자연신에 인격성을 부여한 신들도 있었는데, 대표적인 신이 바로 산신이다.

자연신이 지배하던 시기에 실존 인물신이 등장할 수 있었던 배경은 다양한 측면에서 접근할 수 있겠지만 대표적으로 조상숭배 및 도교사상의 영향, 인간의 인지사고 발달, 그리고 국가 권력체계의 변화에 따른 새로운 지방 세력(집단)의 성장 등을 들 수 있다. 이러한 영향으로 등장한 실존 인물신은 임금(왕), 장군, 선비와 일반인 등으로 나누어 정리할 수 있으며, 그 밖에 외부에서 들어온 인물이 지역의 신으로 모셔진 경우도 있다.

실존 인물이 사후에 지역의 신으로 모셔질 수 있었던 데에는 여러 가지 요인이 있다. 오늘날까지 전승되고 있는 실존 인물신들을 종합해 보면 힘을 지닌 장군이라는 점, 모범적인 삶을 살았다는 점, 억울한 죽음과 함께 그 죽음에 대해 훗날 신원이 되었다는 점, 아울러 일반인에게서는 볼 수 없는 뛰어난 염험성을 지녔다는 점을 주요 요인으로 꼽을 수 있다. 여기에 실존 인물신의 의지도 일정 부분 영향을 준 것으로 보인다.

5장에서 살펴본 실존 인물신의 신격화 과정에서는 여러 실존 인물신 중에서 임경업 신의 사례를 통해 그가 어떠한 과정을 거쳐 지역의 신으로 좌정되었는지를 살펴보았다. 조선 중기 인물인 임경업은 오늘날 서해안 여러 지역에서 신으로 모시고 있으나, 그가 맨 처음 신으로 모셔진 연평도에서 어떠한 과정을 거쳐 모셔지고 있는지를 당시의 시대적 배경과 연평도라는 지역적 특징 등을 고려하여 정리하였다. 여기에서는 특히 기존 연구를 토대로 임경업이라는 인물이 지역에서 신격으로 선택·수용된 이유, 연평도 지역에서 신으로 모셔질 수 있었던 지역 및 시대적 요인, 그리고 임경업 신이 지역사회에서 정립될 수 있었던 계기 등에 대해 구체적으로 알아보았다.

마지막으로 실존 인물신의 신앙적 특징에서는 실존 인물신이 여타의 신과 비교할 때 어떠한 특징을 지니고 있는지를 살펴보았다. 여기에서 언급했던 내용을 정리하면 실존 인물신은 신앙적으로 볼 때 우선 지역성이 두드러지고, 아울러 여타의 신에 비해 구체성을 지니고 있음을 알 수 있었다. 또한 실존 인물신은 악신(惡神)보다는 선신(善神)으로서의 성격이 강한데, 선신으로서의 성격이 매우 두드러진 이유는 지역민들이 그러한 성격을 지닌 인물을 신으로 모셨던 데에서 원인을 찾을 수 있었다.

지금까지 살펴본 내용들을 통해 실존 인물신의 개념과 성격을 개략적으로나마 정리할 수 있었다. 하지만 앞으로 보다 많은 부분에서의 수정·보완 작업도 함께 요구된다. 동·서양의 자료를 총망라하여 실존 인물신을 정리하는 작업은 물론, 신앙 대상의 변화 과정도 다양한 유형의 신들을 포함시켜 더욱 구체적으로 살펴봐야 할 것이다. 특히 마을신앙뿐만 아니라 가정신앙과 무속신앙에서 보이는 신을 비롯, 여러 유형의 실존 인물신을 종합하여 다양한 관점에서 논의할 필요가 있다.

아울러 실존 인물신이 등장할 수 있었던 배경에 대해서도 보다 심도 있는 연구가 필요하다. 이 글에서도 언급했던 바와 같이 실존 인물이 신으로 모셔질 수 있었던 데에는 집권층에 의한 인위적 측면을 배제할 수 없기 때문이다. 그리고 여기에서 언급하지 못한 유교사상의 영향 관계에 대해서도 관심을 가져야 할 것이다. 아마도 이러한 작업이 향후 내실 있게 이뤄진다면 실존 인물신의 구체적인 모습과 성격 등이 더욱 올바르게 정립될 것이다.

| 참고문헌 |

1. 고문헌 및 자료

『經世遺表』

『高麗史』

『구비문학대계』

『남이장군실기』

『大東地志』

『동아일보』

『世祖實錄』

『世宗實錄地理志』

『肅宗實錄』

『承政院日記』

『新增東國輿地勝覽』

『練藜室記述』

『英祖實錄』

『仁祖實錄』

『日省錄』

『임영지』

『海州邑誌』

2. 단행본

고마쓰 가즈히코, 『일본인은 어떻게 신이 되는가』, 김용의 외 옮김, 민속원, 2005.

국립민속박물관, 『한국의 마을제당 -서울·경기 편-』, 1995.

국립해양유물전시관, 『우리배·고기잡이3 -관매도·추자도·태도·울릉도 지역 전통한
　　　　선과 어로민속-』, 2002.

김두헌, 『韓國家族制度研究』, 서울대학교출판부, 1969.

김의정, 『역사소설 임장군전연구』, 솔터, 1992.

김주희, 『문화인류학의 이해』, 성신여자대학교출판부, 1999.

김태곤, 『한국무속연구』, 집문당, 1981.

박구병, 『한국의 어업사』, 정음사, 1975.

수산업협동조합, 『한국수산발달사』, 1996.

순천시, 『樂安邑城』, 순천아세아기획, 1995.

심발호, 『도교와 중국문화』, 동문선, 1993.

오경환, 『종교사회학(개정판)』, 서광사, 1979.

옹진군지편찬위원회, 『옹진군지』, 1989.

이윤석, 『임경업전 연구』, 정음사, 1985.

이중환, 『택리지』, 이익성 옮김, 을유문화사, 1993.

인천광역시립박물관, 『서해도서종합학술조사 보고서』, 2003.

인천광역시옹진군, 『옹진군지향리지』, 예일문화사, 1996.

인천문화원, 『향토사료조사보고3 -옹진군 일원-』, 1999.

장언푸, 『한 권으로 읽는 도교』, 김영진 옮김, 산책자, 2008.

정재서, 『한국 도교의 기원과 역사』, 이화여자대학교출판부, 2006.

조흥윤, 『한국의 무』, 정음사, 1993.

첸파핑, 『한 권으로 읽는 유교』, 최성흠 옮김, 산책자, 2008.

村山智順, 『朝鮮의 鬼神』, 김희경 옮김, 동문선, 1990.

최길성, 『한국민간신앙의 연구』, 계명대학교출판부, 1989.

_____,『韓國의 祖上崇拜』, 예전, 1986.

퓌스텔 드 쿨랑주,『고대도시』, 김응종 옮김, 아카넷, 2000.

何新,『神의 起源』, 홍희 옮김, 동문선, 1990.

하종갑,『남해안의 민속신앙』, 우석, 1984.

한상복 · 전경수,『한국의 낙도민속지』, 집문당, 1992.

현용준,『제주도 무속연구』, 집문당, 1986.

3. 학위논문

김경옥,「조선 후기 서해안 도서의 사회경제적 변화와 도서정책 연구」, 전남대학교 박사
학위논문, 2000.

김은영,「신석기 시대 연평도 지역의 생계 · 주거체계연구」, 서울대학교 석사학위논문,
2006.

김효경,「한국 마을신앙의 人物神 연구」, 충남대학교 석사학위논문, 1998.

문무병,「제주도 당신앙 연구」, 제주대학교 박사학위논문, 1993.

閔尙基,「어촌공동체의 연안어장 점유와 이용에 관한 연구」, 전남대학교 박사학위논문,
1998.

박지현,「전통시기 중국의 귀신신앙과 귀신이야기 -『太平廣記』鬼部에 나타나는 신앙
의 서사와 탈신앙의 서사-」, 서울대학교 박사학위논문, 2004.

박호원,『한국의 공동체신앙의 역사적 연구 -동제의 형성 및 전승과 관련하여-』, 한국정
신문화연구원, 1997.

서종원,「서해안 임경업 신앙 연구」, 중앙대학교 박사학위논문, 2009.

이용범,「한국 무속의 神觀에 대한 연구 -서울 지역 재수굿을 중심으로-」, 서울대학교
박사학위논문, 2001.

최명환,「단종전설의 신화성 연구」, 세명대학교 석사학위논문, 2001.

표인주, 「전남의 당신화 연구」, 전남대학교 박사학위논문, 1994.

4. 소논문

강남주, 「실존인물의 신격화 과정」, 『비교민속학』 11, 비교민속학회, 1994.

김갑동, 「고려시대 순창의 지방세력과 성황신앙 -城隍大神事跡 懸板을 중심으로-」,
　　　『한국사연구』 97, 한국사연구회, 1997.

김광억, 「조상숭배와 사회조직의 원리: 한국과 중국의 비교」, 『한국문화인류학』 18, 한
　　　국문화인류회, 1986.

김기흥, 「한국 殉葬制의 역사적 성격」, 『建大史學』 8, 건국대학교사학회, 1993.

金洛必, 「道敎와 韓國民俗」, 『비교민속학』 24, 비교민속학회, 2004.

김상범, 「唐代祠廟信仰의 類型과 展開」, 『中國學報』 44, 한국중국학회, 2001.

金相範, 「地方祭祀體系와 民間信仰의 관계」, 『중국사연구』 19, 중국사학회, 2002.

김선풍, 「남이장군대제론」, 『비교민속학』 13, 비교민속학회, 1996.

＿＿＿, 「한국해양무속의 특징」, 『샤머니즘 연구』 1, 샤머니즘연구학회, 1999.

김성환, 「초기도교의 철학사상 -『태평경』과 『老子想爾主』를 중심으로-」, 『中國哲學』
　　　7, 중국철학회, 2002.

김인희, 「한·중 해신신앙의 성격과 전파 -마조신을 중심으로-」, 『한국민속학』 33, 한국
　　　민속학회, 2001.

김필래, 「관우설화 연구」, 『漢城語文學』 17, 한성대국어국문학과, 2006.

김태곤, 「남이장군 당제 소고」, 『전통문화』 1월호, 전통문화사, 1984.

김효경, 「단종의 신격화 과정과 그 의미」, 『민속학연구』 5, 국립민속박물관, 1998.

盧道陽, 「十五世紀 朝鮮의 水産業」, 『대한지리학』 4, 대한지리학회, 1969.

나경수, 「완도읍 장좌리 당제의 제의구조」, 『호남문화연구』 19, 전남대학교 호남문화연
　　　구소, 1990.

나경수·나승만·지춘상, 「전남의 인물전설 연구(1) -송징전설의 전승양상-」, 『한국언어문학』 31, 한국언어문학회, 1993.

남도영, 「韓國牧場制度考 -특히 목장제도의 발전과정을 중심하여-」, 『동국사학』 11, 동국대학교 사학과, 1969.

도곽순, 「한국 도교의 사적 연구」, 『도교학연구』 7, 한국도교학회, 1991.

陶雪迎, 「蠶神 信仰 중의 馬頭娘 신앙」, 『아세아 각국의 마 문회 및 동물민속』, 제3회 국제아세아민속학회 학술대회 발표집, 1998.

박광성, 「孫夏項에 대하여」, 『畿甸文化硏究』 9, 인천교육대 기전문화연구소, 1978.

박구병, 「한반도 연근해 수산자원상태에 대한 사적연구」, 『경제사학』 5, 경제사학회, 1981.

박정숙, 「中國 城隍神의 原型에 관한 고찰」, 『中語中文學』 43, 한국중어중문학회, 2008.

박종익, 「충남 당진군 송악면 고대리 안섬 당제의 실상과 활로 모색」, 『한국민속학』 39, 한국민속학회, 2004.

박지현, 「중국 민간신앙 속에서 神 되기 -『太平廣記』神部 이야기에 나타나는 人物神 분석-」, 『중국학보』 51, 한국중국학회, 2005.

_____, 「玉皇 및 閻羅 신앙의 형성과 이야기의 역할」, 『중국문학』 39, 한국중국어문학회, 2003.

변동명, 「申崇謙의 谷城 城隍神 推仰과 德陽祠 配享」, 『韓國史硏究』 126, 한국사연구회, 2004.

서종원, 「서해안 지역 인물신 임경업의 신격화 배경」, 『민속학연구』 20, 국립민속박물관, 2007.

_____, 「실존 인물의 신격화 배경의 주요 원인 고찰」, 『중앙민속학』 14, 중앙대학교 한국문화유산연구소, 2009.

_____, 「실존 인물신의 등장 배경과 특징에 관한 연구」, 『동남어문논집』 29, 동남어문학회, 2010.

선정규, 「중국인의 靈魂觀」, 『동아시아의 영혼관』, 동아시아고대학회 편, 경인문화사, 2006.

설성경, 「서해안 어업민속에 나타난 임장군신」, 『기전문화연구』 16, 인천교육대 기전문화연구소, 1987.

소인호, 「서해안 지역 설화의 특성 연구 -인천광역시의 구비전설을 중심으로-」, 『구비문학연구』 10, 한국구비문학회, 2000.

宋恒龍, 「중국도교사상의 한국유입과 그 전개추이」, 『아세아연구』 70, 고려대아세아연구소, 1983.

오세길, 「남이 장군 설화의 신화적 성격과 민중의식」, 『설화와 역사』, 집문당, 2000.

이경엽, 「순천의 성황신앙, 산신신앙과 역사적 인물의 신격화」, 『남도민속연구』 6, 남도민속학회, 2002.

이기태, 「사회계층에 따른 역사적 인물의 신격화 과정과 제의 전통의 창출」, 『비교민속학』 15, 비교민속학회, 1998.

이남식, 「五鳳山城 山神祭사 堂告祀 -山村마을 현지조사중간보고-」, 『한국민속학』 16, 한국민속학회, 1983.

이부영, 「한국무속관계자료에서 본 현상과 그 치료」, 『대한신경정신의학회지』 7, 대한신경정신의학회, 1968.

이석호, 「중국 도가·도교사상이 한국 고대사상에 미친 영향 -특히 삼국사기·삼국유사에 보이는 기록을 중심으로-」, 『延世論叢』, 연세대학교 대학원, 1978.

이양숙, 「연평도 근해의 조기 어업」, 『錄友研究論集』 9, 이화여자대학교 사회과학과, 1967.

이영학, 「조선 후기 어물의 유통」, 『한국문화』 27, 서울대한국문화연구소, 2001.

이영수, 「손돌목(孫乭項) 傳說의 분석과 現場」, 『比較民俗學』 13, 비교민속학회, 1996.

이용범, 「한국 무속에 나타난 신의 유형과 성격 -서울 지역 무속을 중심으로-」, 『민속학연구』 13, 국립민속박물관, 2003.

李學周, 「신숭겸 설화의 영웅적 형상화 연구」, 『강원민속학』 20, 강원민속학회, 2006.

이해준, 「鳥島 지역의 歷史的 背景」, 『도서문화』 2, 목포대학교 도서문화연구소, 1984.

李海濬, 「신안 도서지방의 역사문화적 성격」, 『도서문화』 7, 목포대학교 도서문화연구소, 1989.

장정룡, 「영동지방 인물신화의 내용적 고찰」, 『중앙민속학』 3, 중앙민속학회, 1991.

징주근, 「한국 민간신앙의 조상숭배 -유교 제례 以外의 전승자료에 대하여-」, 『한국문화인류학』 15, 한국문화인류학회, 1983.

전인초, 「관우 인물조형과 관제신앙의 조선전래」, 『동방학지』 134, 연세대학교 국학연구원, 2006.

정 준, 「중국의 마조신앙과 관음신앙」, 『동아시아의 해양신앙과 해신 장보고』, 목포대학교 도서문화연구소 국제학술대회 발표집, 2005.

조현미, 「그리스 세계의 인간숭배 전통: 알렉산드로스 이전까지의 신격화 선례를 중심으로」, 『서양고대사연구』 20, 한국서양고대사학회, 2007.

주강현, 「서해안 조기잡이와 어업생산풍습」, 『역사민속학』 1, 한국역사민속학회, 1991.

최길성, 「한의 상징적 의미 -崔瑩 장군의 죽음을 중심으로-」, 『비교민속학』 4, 비교민속학회, 1989.

최명환, 「단종전설이 지니는 신화적 성격」, 『영월지방 민속신앙과 서낭당조사』, 영월문화원, 2002.

최문형, 「孔子의 天命論과 鬼神觀」, 『동양철학연구』 18, 동양철학연구회, 1998.

최진석, 「도교의 생사관」, 『철학연구』 57, 철학연구회, 2006.

표인주, 「공동체신앙의 종교적 구성」, 『한국민속학』 27, 한국민속학회, 1995.

한인수, 「한말의 연평도 근해 조기 어업 소고」, 『지리학연구』 3, 한국지리교육학회, 1977.

홍태한, 「서해안 임장군 풍어전설의 의미」, 『高凰論集』 7, 경희대학교 대학원, 1990.

_____, 「설화와 민간신앙에서의 실존인물의 신격화 과정」, 『한국민속학보』 3, 한국민속학회, 1994.

그들은 왜 신이 되었을까
한국의 실존 인물신

1판 1쇄 펴낸날 2013년 06월 20일

지은이 서종원

펴낸이 서채윤
펴낸곳 채륜
책만듦이 정나영
책꾸밈이 Design窓

등록 2007년 6월 25일(제25100-2007-000025호)
주소 서울 광진구 군자동 229
대표전화 02-6080-8778
팩스 02-6080-0707
E-mail book@chaeryun.com
Homepage www.chaeryun.com

이 도서의 국립중앙도서관 출판시도서목록(CIP)은 서지정보유통지원시스템 홈페이지(http://seoji.nl.go.kr)와
국가자료공동목록시스템(http://www.nl.go.kr/kolisnet)에서 이용하실 수 있습니다.(CIP제어번호: CIP2013007150)